絶対に行きたい！ 日本の島

斎藤 潤

ビジュアルだいわ文庫

大和書房

はじめに

今、島が熱い――世界遺産・アート・絶景・グルメ

今、島に熱い視線が注がれている。

世界遺産の屋久島、小笠原、厳島。さらに、佐渡、宗像・沖ノ島、軍艦島、五島列島など、世界遺産暫定リストに記載されている11件のうち4件に、島が関わっている。

アート活動のフィールドとしての島々も、瀬戸内国際芸術祭で一躍、知名度が高まった。島おこしと結びつけば、アートと島という組合せは今後もっと広がりを見せるだろう。日本の有人島の3分の1以上、百数十の有人島を擁する瀬戸内海国立公園は2

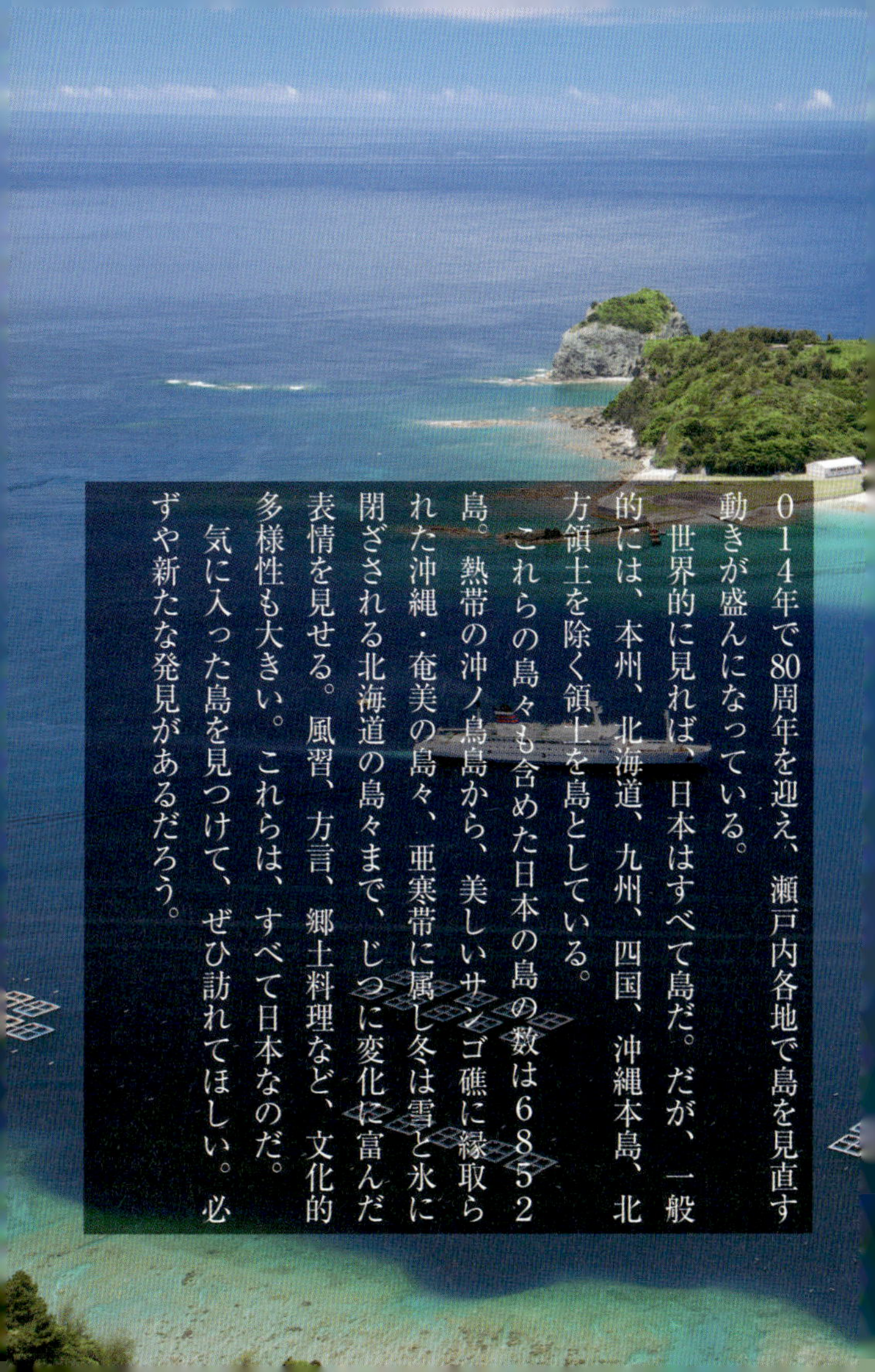

０１４年で80周年を迎え、瀬戸内各地で島を見直す動きが盛んになっている。

世界的に見れば、日本はすべて島だ。だが、一般的には、本州、北海道、九州、四国、沖縄本島、北方領土を除く領土を島としている。

これらの島々も含めた日本の島の数は６８５２島。熱帯の沖ノ鳥島から、美しいサンゴ礁に縁取られた沖縄・奄美の島々、亜寒帯に属し冬は雪と氷に閉ざされる北海道の島々まで、じつに変化に富んだ表情を見せる。風習、方言、郷土料理など、文化的多様性も大きい。これらは、すべて日本なのだ。

気に入った島を見つけて、ぜひ訪れてほしい。必ずや新たな発見があるだろう。

絶対に行きたい！ 日本の島　目次

第1章 沖縄

与那国島《よなぐにじま》　沖縄県八重山郡与那国町……8
波照間島《はてるまじま》　沖縄県八重山郡竹富町……12
石垣島《いしがきじま》　沖縄県石垣市……16
西表島《いりおもてじま》　沖縄県八重山郡竹富町……20
竹富島《たけとみじま》　沖縄県八重山郡竹富町……24
宮古島《みやこじま》　沖縄県宮古島市……28
池間島《いけまじま》　沖縄県宮古島市……32
多良間島《たらまじま》　沖縄県宮古郡多良間村……36
南大東島《みなみだいとうじま》　沖縄県島尻郡南大東村……40
粟国島《あぐにじま》　沖縄県島尻郡粟国村……44
久高島《くだかじま》　沖縄県南城市……48

第2章 九州南部

屋久島《やくしま》　鹿児島県熊毛郡屋久島町……54
種子島《たねがしま》　鹿児島県西之表市、熊毛郡中種子町・南種子町……58
諏訪之瀬島《すわのせじま》　鹿児島県鹿児島郡十島村……62
悪石島《あくせきじま》　鹿児島県鹿児島郡十島村……66
奄美大島《あまみおおしま》　鹿児島県奄美市、大島郡龍郷町・瀬戸内町・大和村・宇検村……70
加計呂麻島《かけろまじま》　鹿児島県大島郡瀬戸内町……74
沖永良部島《おきのえらぶじま》　鹿児島県大島郡和泊町・知名町……78
与論島《よろんじま》　鹿児島県大島郡与論町……82

第3章　九州北部

軍艦島《ぐんかんじま》　長崎県長崎市……88
対馬島《つしまじま》　長崎県対馬市……92
壱岐島《いきのしま》　長崎県壱岐市……96
的山大島《あづちおおしま》　長崎県平戸市……100
福江島《ふくえじま》　長崎県五島市……104
久賀島《ひさかじま》　長崎県五島市……108
池島《いけしま》　長崎県長崎市……112

第4章　山陽・山陰

厳島《いつくしま》　広島県廿日市市……118
大久野島《おおくのじま》　広島県竹原市……122
生口島《いくちじま》　広島県尾道市……126
犬島《いぬじま》　岡山県岡山市……130
真鍋島《まなべしま》　岡山県笠岡市……134
祝島《いわいしま》　山口県熊毛郡上関町……138
西ノ島《にしのしま》　島根県隠岐郡西ノ島町……142

第5章　四国

小豆島《しょうどしま》　香川県小豆郡小豆島町・土庄町……148
豊島《てしま》　香川県小豆郡土庄町……152
直島《なおしま》　香川県香川郡直島町……156
広島《ひろしま》　香川県丸亀市……160
大三島《おおみしま》　愛媛県今治市……164
小島《おしま》　愛媛県今治市……168

第6章 関西・東海

淡路島《あわじしま》　兵庫県淡路市、洲本市、南あわじ市……174
沖島《おきしま》　滋賀県近江八幡市……178
篠島《しのじま》　愛知県知多郡南知多町……182
佐久島《さくしま》　愛知県西尾市……186

第7章 関東

猿島《さるしま》　神奈川県横須賀市……192
伊豆大島《いずおおしま》　東京都大島町……196
御蔵島《みくらしま》　東京都御蔵島村……200
八丈島《はちじょうじま》　東京都八丈町……204
父島《ちちじま》　東京都小笠原村……208
母島《ははじま》　東京都小笠原村……212
硫黄島《いおうとう》　東京都小笠原村……216
沖ノ鳥島《おきのとりしま》　東京都小笠原村……220

第8章 北海道・東北・北陸

礼文島《れぶんとう》　北海道礼文郡礼文町……226
利尻島《りしりとう》　北海道利尻郡利尻町・利尻富士町……230
奥尻島《おくしりとう》　北海道奥尻郡奥尻町……234
田代島《たしろじま》　宮城県石巻市……238
寒風沢島《さぶさわじま》　宮城県塩竈市……242
佐渡島《さどがしま》　新潟県佐渡市……246
舳倉島《へぐらじま》　石川県輪島市……250

第1章　沖縄

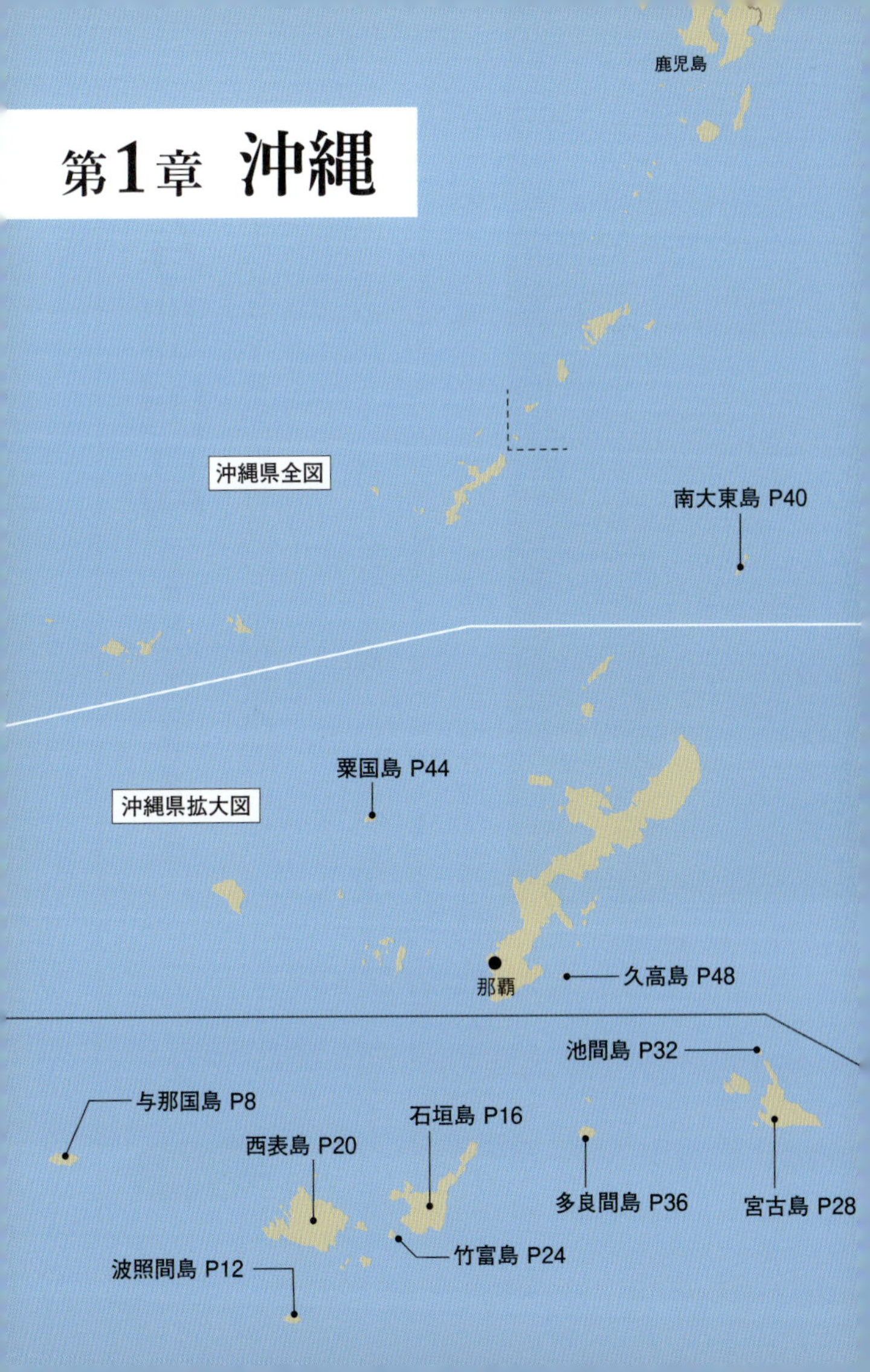
鹿児島
沖縄県全図
南大東島 P40
沖縄県拡大図
粟国島 P44
那覇
久高島 P48
池間島 P32
与那国島 P8
石垣島 P16
西表島 P20
多良間島 P36
宮古島 P28
竹富島 P24
波照間島 P12

No.1

与《よ》那《な》国《ぐに》島《じま》

（沖縄県八重山郡与那国町）

100キロ先に台湾を望む最西端の島

日本最西端の島で、一般人が行ける唯一の国内東西南北端だ。那覇からは509キロもあるのに、台湾の蘇澳《スオウ》まではわずか111キロ。石垣島（120キロ）よりも台湾のほうが近い。だから、年に数回、台湾の山影を望むことができる。台湾が日本領だった時代、与那国の人たちにとって大都会といえば台北《タイペイ》で、与那国の娘たちは台北の日本人家庭

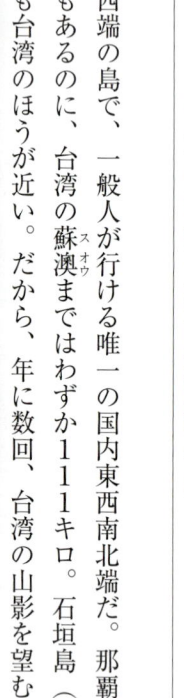

海中遺構はかつての海底遺跡なのか自然でできた地形なのか、今も議論の的である

で行儀見習いを兼ねて女中奉公をするのが、花嫁修業だったという。

現在の人口は約1500人ほどだが、敗戦直後は台湾との密貿易基地として隆盛を極め、今の10倍の人口があった。密輸品の荷おろしを手伝うと、一晩で学校の先生の給料1ヵ月分になったという。

謎の海中遺構や恐ろしい伝承の旧跡が眠る

人口は減ったものの自然は多く残され、世界最大の蛾《が》・ヨナグニサンが多く棲息する地として知られる。在来の小型馬ヨナグニウマに乗ることもできるし、周辺海域は巨大カジキマグロの漁場で、大物狙いの釣り人も多い。ダイバーたちの一番人気は、海底遺跡と呼ばれている謎の海中遺構だ。

妊婦に飛び越えさせた「久部良割《くぶらばり》」や、住民を急遽《きゅうきょ》招集して、あふれた人を間引《まび》いた「人舛田《とうんぐだ》」など、恐ろしい伝承が残る旧跡もある。また、忘れてはならないのが花酒。アルコール度数が60度もあり、全国でも与那国の三つの蔵でだけ製造されている強烈な泡盛だ。

DATA

人口1508人／面積28.84㎢／周囲28.6㎞
[主なアクセス] 那覇空港から約1時間半、石垣空港から35分。もしくは石垣島の離島ターミナルから船便で約4時間半、久部良港へ。

日本最西端の碑。日本の東西南北端のうち、
唯一行けるのがこの最西端の島だ

ヨナグニウマは
与那国町の天然記念物

No.2

波照間島《はてるまじま》

（沖縄県八重山郡竹富町）

南十字星と天の川が輝く最南端の有人島

波照間島は、一般人が住み、旅行者が自由に訪ねることができる日本最南端の島だ。島の南端・高那崎《たかなざき》の近くにある星空観測タワーは、緯度的にジェット気流による大気の揺らぎも少なく、街明かりの影響も受けにくいため、日本で最も星空観察に適した場所の一つだ。南十字星を見るには、冬から初夏にかけての時期がいい。4月下旬から6月中旬は、星空観測タワーでも観測可能。

一方、沖縄のほかの離島に比べ、海水浴場に恵まれているとは言い難く、遊泳禁止の浜が多いので注意しよう。また、旧盆の7月14日におこなわれるムシャーマは、先祖を供養し豊作祈願する祭りで、太鼓や棒、狂言、舞踊などが奉納される。島出身者の多くが、この祭りに参加するため戻ってくる。

夜空には天の川がくっきりと浮かぶ。
日本で有数の星空観察に適した場所だ

最果ての絶景を肴に、運がよければ幻の泡盛を

島人御用達で生産量が限られた「泡波《あわなみ》」は、今や幻の泡盛と呼ばれるようになった。島外の土産物店に法外な価格で並んでいるが、運がよければ地元で手に入ることもある。

港の西側に広がるニシ浜ビーチは、八重山でも屈指の美しさ。ハマシタン群落、シムスケー(古井戸)、琉球王朝時代の見張り台「コート盛」、長田御嶽、重要伝統的建造物群保存地区(重伝建地区)にふさわしい集落などが見どころ。

また、高那崎には、本土復帰前に学生が自費で建てたという「日本最南端の碑」や、1995年に終戦50周年を記念した「日本最南端平和の碑」などがある。

DATA

人口535人/面積12.77㎢/周囲14.8㎞
[主なアクセス] 石垣島の離島ターミナルから高速船で約1時間、波照間港へ。もしくは西表島の大原港から高速船で約35分。

夕日が沈むニシ浜ビーチは
八重山の絶景ポイント

日本最南端の碑。有人島としては波照間島が日本の最南端

No.3

石《いし》垣《がき》島《じま》（沖縄県石垣市）

都会から景勝地まで抱えた離島観光の起点

日本最南端・八重山諸島の中心地で、いずれも無人島の尖閣諸島を除くと1島で石垣市となっている。石垣市街は、約4万8000人を超える人口を抱える沖縄の離島では最大の街だ。

各離島への航路は石垣に集中しているので、ここを拠点に島めぐりする人が多い。那覇からは空路で1時間ほど。東京や大阪からの直行便もある。

夜明けまでやって

川平湾は石垣島でも有数の景勝地。
国の名勝にも指定されている。ちなみに遊泳禁止だ

いる飲み屋も多く、24時間営業のコンビニもある。都会の便利さを確保しつつ南国気分も味わいたい人は、石垣市街に泊まるといい。ダイビングやシュノーケリングはもちろん、パラグライダー、カヤックも楽しめるし、ラー油づくり、ミンサー織など、藍染め、ミンサー織などの体験もできる。

島内に絶景ポイントが点在し、行事も一年中ある

市街地を離れると、島らしいのどかな風景が広がる。川平湾や米原のヤエヤマヤシ群落、玉取崎展望台、夕陽の美しい御神崎灯台、名蔵湾、最北端の平久保崎灯台、唐人墓、石垣島天文台、宮良殿内《みやらどぅんち》などが見どころ。

とくに、石垣島随一の景勝地である川平湾には、沖縄で唯一、ミシュランが三ツ星を与えている。

また、サニズ（浜下り）、ハーリー（海神祭）、オリオンビアフェスト、プーリー（豊年祭）、ソーロン・アンガマ（ともに旧盆）、イタシキバラ（獅子祭）、シチィ（節祭）など、一年を通じてエキゾチックな行事がある。

DATA

人口48551人／面積222.54㎢／周囲162.2㎞

［主なアクセス］那覇空港から飛行機で約55分、石垣空港へ。羽田空港・関西空港・福岡空港などからも直行便がある。

島の中心部にあるユーグレナモールは、
日本最南端のアーケード商店街

装飾が美しい唐人墓は空港から
路線バスで行ける

No.4

西《いり》表《おもて》島《じま》

（沖縄県八重山郡竹富町）

亜熱帯の大自然が残る八重山諸島最大の島

八重山諸島で最大の面積を誇る島だ。全国第9位の大きさで、約289平方キロある。石垣島より南西に約28キロの位置にある農業と観光の島で、新旧の移住者が多いのが特徴だ。

西表島の魅力は、亜熱帯の圧倒的な自然。開発は進んでいるが、観光客の目には完全に自然が支配しているように見え

島で2番目に大きな仲間川のマングローブ林。
海に近い下流地域に生い茂っている

るし、サンゴ礁の海の美しさもいまだ健在だ。タコの足のような独特の根が特徴的なマングローブも、非日常の世界へ誘ってくれる。浦内川や仲間川で遊覧船に乗って手軽に見学してもいいし、カヌーを漕いでマングローブ林の中に入れば不思議体験の楽しみは倍増する。

南国のジャングルツアーなら冬がおすすめ

ほかにも、ジャングルを歩いたり、ピナイサーラの滝やマリユドゥの滝をめぐるツアーもある。ただし、有名なイリオモテヤマネコは、むしろ人里近くに出没することが多い。

冬はハブの動きが鈍るので、ジャングルを歩いて島を横断する（要ガイド）のに都合がいい。カマイ（豊富に生息する野生のリュウキユウイノシシで島人の重要な食料）猟がはじまり、うまい鍋や焼き肉が味わえるが、島人の一押しは刺身だ。

また、祖納《そない》や干立《ほしたて》に伝わる節祭は、洗練された芸能が海辺で奉納される。とくに印象的なのは黒い布で全身を覆ったフダチミ（祖納）、滑稽《こっけい》な仕草が人気のオホホ（干立）などだ。

DATA

人口2364人／面積289.27㎢／周囲130.0㎞
［主なアクセス］石垣島の離島ターミナルから高速船で約35分、大原港へ。もしくは40分で上原港へ。

水質が綺麗なマリュドゥの滝

イリオモテヤマネコの生息数は
約100匹。年々、減少傾向にある。

No.5

竹《たけ》富《とみ》島《じま》

(沖縄県八重山郡竹富町)

沖縄の原風景と満天の星が記憶に残る島

石垣島から高速船で10分ほどの竹富島には、最南端の重要伝統的建造物群保存地区があり、集落の中央にある「なごみの塔」に登れば、沖縄の懐かしい景観が色濃く記憶に残る。階段が狭いので、シーズンには行列ができるほど。特徴は、白い漆喰と赤い琉球瓦の屋根、サンゴの石垣、庭や小道に敷き詰められた白い砂。青々とした亜熱帯植物、赤がま

日本最南端の重要伝統的建造物群保存地区は、
集落の中央にある塔から一望できる

ぶしいハイビスカスや繁ったブーゲンビレア。島全体が、まるで手入れの行き届いた庭園のよう。石垣島からの日帰りツアーでは、水牛車などで集落をめぐり、ガイドの三線と歌声、語りを楽しめるが、自分の足で歩くと違った顔が見えてくる。時間があれば宿泊をすすめたい。

日帰りでは決して味わえない闇夜と早朝の光景

ほかにも、喜宝院蒐集館で伝統的な島の暮らしに触れ、種子《たな》取祭《どうい》の会場となる聖地・世持御嶽《ゆーむちおん》に参るのもいい。白く輝くコンドイビーチの透明度には、呆然とするかもしれない。

しっとりとした闇に包まれる島に泊まれば、竹富島の素顔が見えてくる。くっきりと見える星座や天の川、流星が美しい。コノハズクが鳴き、オオコウモリが夜空を舞う。宵闇の中から流れてくる三線の調べや民謡は、心を素直に洗ってくれるだろう。闇の中から漂ってくる花の匂いも魅力的だ。

早朝、庭や道の白砂を掃いている島人の姿を目にする。昼は足跡だらけで気づかないが、毎日掃き清めているのだ。

DATA

人口362人／面積5.42㎢／周囲9.2㎞
［主なアクセス］石垣島の離島ターミナルから高速船で約10分、竹富東港へ。

集落を進む水牛車に乗って
沖縄時間を満喫

夜には満天の
星空が仰げる

No.6

宮《みや》古《こ》島《じま》（沖縄県宮古島市）

白い浜と青い海がまぶしい絶景の島

宮古島へ飛行機で向かう際は、上空からの眺望が素晴らしいので、ぜひ窓際の席を確保するといい。到着前にテンションが上がるだろう。雨は大地に吸い込まれ地下水となるため川がなく、周辺の海の透明度は抜群だ。

宮古島の魅力は、なんといっても白い浜とサンゴ礁の青い海。海水浴、シュノーケリングやダイビング、シーカヤック

宮古島では白い砂浜と青い海が最大の魅力。
中でも砂山ビーチは人気だ

でめぐるツアーなどが人気だ。ただ、この島の一番の魅力は、人情味あふれる人々かもしれない。

また、港近くに立つ高さ1・43メートルの人頭税石は、かつて背丈がこの高さを超えている15〜50歳までの者に一律重税を課したという、琉球王朝の過酷な税制の象徴である。

グルメに温泉と、観光以外の産業も盛ん

農業も盛んで、全島がサトウキビ畑といっても過言ではないほどだが、マンゴー栽培も注目されている。今や沖縄を代表するお土産になった海ぶどうだが、以前は宮古島のローカル食で「ンキャフ」と呼ばれていた。

また質のよい水が湧くので、人口5万人足らずの島に泡盛の醸造元が5社もある。中でも「菊之露」は全国的にも有名だ。温泉も2ヵ所あり、そのうちシギラ黄金温泉が、温泉の湧出が止まった西表島温泉にかわり日本最南端の温泉となっている。

名産物は、緻密な織りが特徴の宮古上布《じょうふ》。かつて租税として納めており、国の重要無形文化財に指定されている。

DATA

人口48328人／面積159.05㎢／周囲131.2㎞
［主なアクセス］那覇空港から飛行機で約45分、宮古空港へ。もしくは羽田空港から直行便で約2時間45分。

東《ひがし》 平《へ》安《ん》名《な》崎《さき》は、島の南東端にある宮古を代表する名所

高さ1.43メートルの人頭税石は港近くに立つ

No.7

池《いけ》間《ま》島《じま》

（沖縄県宮古島市）

巨大なサンゴ礁群と沖縄最大の湿原が魅力

宮古島北端の世《せ》渡《と》崎《ざき》沖に横たわるサンゴ礁の島で、全長1425メートルの池間大橋で宮古島とつながっている。

ふつうはクルマで駆け抜ける大橋だが、ゆっくり歩いて渡ると、両側に広がるまばゆいエメラルドグリーンのサンゴ礁の海に魅せられてしまう。まさに、絶景。池間島の人たちは海の民で、自らを

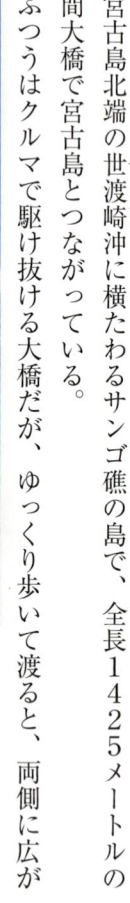

宮古島と池間島をつなぐ池間大橋は、
両側にまばゆいエメラルドグリーンが広がる

「池間民族」と称する人もいるように、極めて自主独立進取《しんしゅ》の気風《きふう》が強い。同じ宮古列島を構成する伊良部島《いらぶじま》の佐良浜、国仲、宮古島の西原なども池間民族の居住地だ。

　また、ミャークヅツやユークイなど、独特の祭祀が守られてきた信仰心の篤《あつ》い島でもある。

ダイビングと野鳥観察が同時に楽しめる!

池間島から北へ約16キロに八重干瀬《やびじ》と呼ばれる巨大なサンゴ礁群があり、池間漁民の重要な漁場になっている。

一年で最も潮が引く旧暦3月3日は、浜下り（潮干狩り）がおこなわれ、上陸体験ツアーもある。シュノーケリングやダイビングのツアーも催行される。

そこまで行かずとも「ちょっとサンゴ礁の美景を」というなら、池間大橋周辺のサンゴ礁までグラスボートに乗ってもいい。

また、池間島湿原は「日本の重要湿地500」にも選ばれた野鳥観察のメッカだ。「イーヌブー」とも呼ばれる沖縄で最大の湿原である。

DATA

人口661人／面積2.83㎢／周囲10.1㎞
［主なアクセス］宮古空港からバスで約40分、池間島へ。フェリーなどの船便はない。

八重干瀬は島の北にある
巨大なサンゴ礁

池間島湿原では無数の野鳥を
観察できる

No.8

多《た》良《ら》間《ま》島《じま》

（沖縄県宮古郡多良間村）

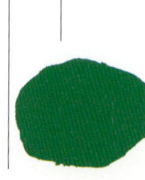

伝統芸能が息づく沖縄旅行の穴場

宮古島と石垣島のあいだに位置し、池間島などと同じく宮古諸島の一つだが、距離的には石垣島に近く、1島で1村をなす。人口は約1250人ほどで、サトウキビと牧畜が主な産業だ。10キロほど北に浮かぶ属島の水納島《みんなじま》は全島が牧場になっており、かつては分校もあったほどだが、現在では1世帯5人が住むのみ。

旧暦の8月8日か

旧暦の8月8日からおこなわれる「八月踊り」は、国の重要無形文化財だ

ら10日にわたって、2ヵ所の祭場で伝統的な民俗踊り、古典踊り、組踊りなどが大々的に披露される「八月踊り」は、国の重要無形文化財に指定されている。

5月には、沖縄の祭祀にしては珍しく男が仕切るスッウプナカ（五穀豊穣の感謝と祈願をする祭り）もある。

観光開発されていない一方で見どころは多い

澄みきったサンゴ礁の海に囲まれた島だが、ここまで来る観光客は少なく、ダイビングショップは1軒だけ。観光地化されていない島を味わいたい人には、人が少ない穴場といえる。

集落の近くにある標高34メートルの八重山遠見台が最高点で、隣接する展望塔に登れば、島全体はもちろん石垣島まで見渡せる。また、尖閣諸島の大正島《たいしょうじま》は、このほぼ真北に位置する。

ほかに、島を統一した土原豊見親《んたばるとぅゆみや》の巨石墓ウプメーカーや聖地の土原ウガン、塩川御嶽とフクギ並木、フクギ抱護林、イビの拝所、三陸宮古市との交流を記念した宮古市の森公園、宮古遠見台、ピトマタウガンなどが見どころだ。

DATA

人口1246人／面積19.73㎢／周囲19.0㎞
［主なアクセス］宮古空港から飛行機で約20分、多良間空港へ。もしくは平良港からフェリーで約2時間、前泊港へ。

巨石墓のウプメーカーは
島の北部にある

放牧されているヤギの
料理は島の名物

No.9

南《みなみ》大《だい》東《とう》島《じま》

（沖縄県島尻郡南大東村）

本土と琉球の文化が混交した絶海の孤島

那覇から約３８０キロ東の太平洋上に浮かぶ絶海の孤島。人が住むようになったのは、八丈島出身の開拓精神に富んだ事業家・玉置半右衛門《たまおきはんえもん》が、１９００年に同志たちと入植してから。

そのため、沖縄にありながら、本土文化と琉球文化の混交が見られて、じつに興味深い。浅沼、沖山、奥山、菊池など、八丈島系の名字も多い。

南大東島へのアクセスには、飛行機（約１時間）と船（約15～17時間）を

南大東島はサトウキビの島。
ざわざわと潮風に吹き遊ばれる光景が目に焼きつく

使う方法があるが、時間があれば少なくとも片道は船をすすめる。

島の遠さ、夜空の美しさ、朝日と夕日の壮大さを体感でき、春先には鯨《くじら》と遭遇する可能性も高い。檻のようなケージに入り、クレーンで吊り下げられて乗下船するという稀な体験もできる。

【沖縄で唯一の鉄道跡をはじめレジャーも多彩】

今も続くサトウキビの島で、それを運搬するため1983年まで、沖縄県唯一の鉄道が走っていた。廃線跡を訪ねる人が増え、地元ではシュガートレイン復活の動きもある。地元のサトウキビを使った純国産ラム酒「コルコル」も人気だ。

また、大東そば、大東寿司、大東羊羹《ようかん》、シージャーキーなどが島のグルメ。運がよければ謎の魚インガンダルマも食べられる。上級者向けのダイビングや釣りを楽しみに来る人もいる。

さらに、繊細で多種多様な鍾乳石《しょうにゅうせき》がある星野洞、冷気と霊気が漂う大地の裂け目「バリバリ岩」、大池のオヒルギ群落、岩盤を掘ってつくった海水の「海軍棒プール」などが見どころ。

DATA

人口1270人／面積30.57㎢／周囲21.2㎞
［主なアクセス］那覇空港から飛行機で約1時間、南大東空港へ。もしくは那覇泊港南岸からフェリーで約15～17時間。

かつてサトウキビを運んでいたシュガートレイン

大池のオヒルギ群落は国の天然記念物

No.10

粟《あ》国《ぐに》島《じま》

（沖縄県島尻郡粟国村）

凝灰岩の白い断崖が印象的な石の島

那覇の北西60キロに浮かぶ孤島の粟国島には、石のイメージがつきまとう。家々の庭に必ずというぐらいあるのが、生活用水として雨水を貯《た》めていた石の水瓶「トゥージ」だ。島の西海岸で凝灰岩《ぎょうかいがん》を刳《く》り貫いてつくり、船で集落まで運んでから家に運びあげた。かつてはトゥージの大きさがステータス・シンボルで、大きなもので1トン近くあった。

島の西海岸に横たわる凝灰岩の白い崖。
青い空と海を背景にした色がよく映える

また、西海岸の上には、凝灰岩の崖を掘りこんでつくった巨大な横穴式の墓が連なり、異界の風景を形づくっている。

島は西側の標高が高く、東に緩やかに傾斜している。路線バスやタクシーはないので、粟国村観光協会でレンタカーやレンタサイクルを利用するといい。

天然塩の製造で全国的な知名度を誇る

粟国の知名度を全国的にしたのは、自然海塩の草分け「粟國の塩」だ。信念を持ったていねいな塩づくりに徹し、乱立気味の天然塩の中でも、高い人気を維持し続けている。

島北端の沖縄海塩研究所を訪ねると、竹の小枝を組んだ枝《し》条《じょう》架《か》の上から海水を滴下して濃縮したり、鹹水《かんすい》(濃縮した海水)を釜で煮詰める様子を見学できる。

ほかには、高さ87メートルある眺望抜群の景勝地マハナ、東部のウーグの浜付近にあるモンパノキ群落、無料で公開されている洞寺《てら》(鍾乳洞)などが見どころ。

また、島周辺はダイビングポイントにも恵まれている。

DATA

人口761人/面積7.62㎢/周囲16.8㎞
[主なアクセス] 那覇泊港からフェリーで約2時間10分、粟国港へ。もしくは那覇空港から飛行機で約20分。

粟国島で見られる
枝条架を用いた塩づくり

雨水を溜めて生活用水として
いたトゥージ

No.11

久《く》高《だか》島《じま》（沖縄県南城市）

琉球民族発祥の島は沖縄の聖地

世界遺産に登録されている沖縄本島南部随一の聖地・斎場御嶽《せーふぁうたき》から、はるか東の海上を望むと、サンゴ礁の海に細長く横たわる島がある。琉球民族発祥の地であり、聖地の中の聖地として名高い久高島だ。昔からの素朴な暮らしぶりが残る島は、南端にある港から北端のカベール岬まで約3キロ。

畑の中をのんびり歩いてもいいし、港の近くでレンタサイ

12年に一度の秘祭「イザイホー」がおこなわれていた御殿庭。
イザイホーは1978年を最後に途絶えている

クルを借りて島めぐりする手もある。平坦な島なので、サイクリングするのに向いている。

　主な見どころは島の南部にあって、島の神事に関わる外間御殿、大里家、久高御殿庭《うどぅんみゃー》、イシキ浜などだ。カベール岬からは美しいマリンブルーの海が一望できる。

御嶽めぐりの際はとくに男性の観光客は注意

全島パワースポットなので、至るところに御嶽（聖地）があるが、男子禁制の場合が多いので要注意だ。那覇から日帰りできるので、ゆったりとした沖縄の島時間が好きならば、雑踏をのがれて楽しく無為の時を過ごすのに打ってつけの場所である。

宿もあるので、神秘的な聖なる島の夜を過ごしたい人には、ぜひ一泊することをすすめたい。夜、飲み屋に出かければ、島人たちとの思いがけない出会いがあるかもしれない。

港待合所では、特産の海ぶどうや地元産の野菜、フルーツ、菓子などを売っている。琉球王国時代からの特産品イラブー（ウミヘビの燻製《くんせい》）も置いている。

DATA

人口274人／面積1.37㎢／周囲8.0㎞
［主なアクセス］知念安座真港から高速船またはフェリーで約15分～25分、徳仁港へ。

島の北端・カベール岬からは、
美しい青を湛えた海が望める

島の名物「イラブー汁」は
食事処で味わえる

第2章　九州南部

鹿児島
鹿児島県
九州南部拡大図
種子島 P58
屋久島 P54
九州南部全図
諏訪之瀬島 P62
悪石島 P66
奄美大島 P70
加計呂麻島 P74
沖永良部島 P78
与論島 P82

No.12

屋《や》久《く》島《しま》（鹿児島県熊毛郡屋久島町）

「海上のアルプス」とうたわれた神秘の島

面積約500平方キロの日本で6番目に大きな島で、標高1936メートルの主峰・宮《みや》之《の》浦岳《うらだけ》は九州最高峰。九州に8座ある1800メートル以上の山は、すべて屋久島にある。「海上のアルプス」と呼ばれるゆえんだ。

有名な縄文杉を見るには、観光シーズンは登山道が渋滞するほどだから、覚悟して行ったほうがいい。バスの終点「荒川登山口」から、往復で約8時間はかかる。

世界遺産に登録された神秘的な森の雰囲気に浸りたいだけ

鬱蒼とした屋久島の森は、自然の清々しい香りと神秘的な雰囲気に満ちている

ならば、アニメ映画『もののけ姫』の舞台のモデルとされる白《しら》谷《たに》雲《うん》水《すい》峡《きょう》やヤクスギランドで十分だろう。道を外れて変なところへ入っていかない限り、迷う心配はない。また、タンカン、ポンカンなど柑橘類の名産地でもあり、山歩きのあとにでもぜひ味わってほしい。

世界遺産の山歩きに疲れたら海へ行こう

山だけではなく、海辺にも見どころは多い。初夏から夏にかけて、ウミガメの産卵・孵化《ふか》が観察できる永田《ながた》いなか浜や、目の前に活火山のある口永良部島《くちのえらぶじま》が望める屋久島灯台、不思議な木が繁る志戸子《しとご》ガジュマル公園などだ。

海岸線に多く湧いている温泉の中で、最も有名なのは入浴時間が潮の干満に左右される平内《ひらうち》海中温泉だろう。時間が合わなかった人でも、近くの湯泊《ゆどまり》温泉なら終日入浴可能。入浴棟が整った尾之間《おのあいだ》温泉は、透明で滑らかなお湯が浴槽の真下から湧き出て、これもおすすめだ。

首折れサバ、トビウオ、アサヒガニなど海の幸もうまい。

DATA

人口13367人／面積504.86㎢／周囲126.7㎞
［主なアクセス］鹿児島空港から飛行機で約40分、屋久島空港へ。もしくは鹿児島本港南埠頭からフェリーで約4時間、宮之浦港へ。

水平線から昇った朝日が原生林を照らす

永田いなか浜はウミガメの産卵地として有名。
遊泳も可能だ

No.13

種子島《たねがしま》

科学史に名を刻む最も宇宙に近い島

（鹿児島県西之表市、熊毛郡中種子町・南種子町）

隣接する屋久島は「海上のアルプス」だが、この種子島は平らな土地が南北に細長く伸びている。大きさは屋久島に次ぎ、全国で7番目。科学史を繙《ひもと》けば、日本で最初に鉄砲が伝来し、その技術をたちまち習得した先進地は、現在も全国で宇宙に一番近い島だ。

年に何回か、南部にある種子島宇宙センターでロケットの打上げがおこなわれる。その瞬間を一目見たいとやってくる人も、かなりの人数にのぼる。宇宙センター自体の見学も可能だし、付設の宇宙科学技術館でロケットや衛星、宇宙全般について学ぶこともできる。また、同じ南部には海食によってできた岩窟「千座《ちくら》の岩屋」もあり、景勝地として知られる。

種子島といったら宇宙センター。ロケット（写真は「ゆり３号」）の打上げを見るために訪れる人々も多い

天文愛好家、歴史好き、アニメファンまで！

南端の門倉崎には鉄砲伝来紀功碑があり、近くの宝満神社には古くから赤米お田植祭りが伝わる。

また、最近では、種子島を舞台にした科学アドベンチャーゲーム『ロボティクス・ノーツ』の人気が高まり、アニメファンの来島が急増して、聖地巡礼マップもできたほどだ。

名産品は、他所者にやさしい気風に誘われて移住してきたサーファーたちがつくるサーファー米や、種子島発祥で甘くねっとりした食感が人気の安納芋《あんのういも》が評判だ。鉄砲鍛冶《かじ》の流れをくむ職人がつくっている種子鋏《たねばさみ》も、鋭い切れ味と使い心地のよさで愛好者が多い逸品だ。

DATA

人口31032人／面積445.52㎢／周囲169.6㎞

［主なアクセス］鹿児島空港から飛行機で約30分。もしくは鹿児島本港南埠頭から高速船で約1時間35分、種子島西之表港へ。

鉄砲伝来紀功碑は島の南端・
門倉崎にある

「千座の岩屋」の内部からの景色

No.14

諏訪之瀬島《すわのせじま》（鹿児島県鹿児島郡十島村）

70年も無人島だった活火山の島

気象庁の火山情報を見ると、鹿児島の桜島（レベル3／入山規制）は別格だが、その次に名を連ねるのが、同じ鹿児島の新燃岳《しんもえだけ》や東京の三宅島と並ぶ、レベル2（火口周辺規制）の諏訪之瀬島だ。

今も毎日のように噴煙を上げ、集落に火山灰が降り注ぐことも珍しくない。

村史によれば、江戸時代の後期、1813年の大噴火で、当時、数百人が暮らしていた集落は壊滅

噴煙を上げる諏訪之瀬島、右奥が島の最高峰・御岳。
雄々しい島影に迫力を感じる

し、多くが周辺の島々へ避難したという。その後、明治に入って、奄美大島の藤《ふじ》井《い》富伝《とみでん》たちが1883年に再び入植するまで、この島は70年にわたり無人島だった。屋久島と奄美大島のあいだに連なるトカラ列島の中で、これほど厳しい歴史がある島は、諏訪之瀬島だけだ。

過酷な環境の中にも人々を惹きつける魅力が

現在も過酷な環境は変わっていないが、昔から人を惹きつける魅力があったようだ。

昭和40年代には、既成の社会体制や価値観に反旗を翻したヒッピーと呼ばれる若者たちが入ってきて、島に新たな集落をつくりながら、島人たちから島暮らしの知恵を学んだ。

彼らは現在、島民の中心となって、奄美伝来の八月踊りなどを伝える立場になっている。

島にこれといった特別なものはないが、そもそも諏訪之瀬島自体が稀有《けう》な存在といえる。島そのものとゆったり対話できれば、諏訪之瀬島を訪れた甲斐があるだろう。

DATA

人口70人／面積27.66㎢／周囲24.5㎞
［主なアクセス］鹿児島本港南埠頭からフェリーで約9時間30分、もしくは名瀬港からフェリーで約6時間、諏訪之瀬島港へ。

御岳の火口。半径2キロ以内は
立ち入り禁止

昔からトビウオ漁が盛んな島で、6月ごろには集落や
港の周辺で干されたトビウオを見ることも

No.15

悪《あく》石《せき》島《じま》

（鹿児島県鹿児島郡十島村）

トカラ列島の中央に浮かぶ神々の島

2009年7月22日に、今世紀最長の皆既日蝕《かいきにっしょく》が観測できるとして世界中から注目された島だ。トカラ列島の真ん中に位置し、恐竜が伏せたような島影は悪石という名前にふさわしい。近年は、旧盆にボゼという謎の仮面をかぶった来訪神が登場することでも知られるようになった。ボゼは、先祖の霊を慰めるこの時期に、人々を新たな生の世界へ蘇らせる役目を負うとされている。

面の大きさは体半分を覆い隠すほど。全身をビロウの葉で包み、片手には豊穣祈願の意味があるとされる、先の膨らんだボゼマラという棒を持つ。

神様に変身したボゼは、見物客の中で男性たちが盆踊りを踊っている場所へ行き、その中に突如乱入して女性や子どもを追いかけまわす。

旧盆に出現した仮面神のボゼ。
「神々の島」と称される悪石島を象徴する神様だ

知られざる秘湯が目白押しの温泉天国

温泉天国の悪石島には、人手が加わっていない海岸の岩場に湧く海中温泉、入浴施設が整備されている湯泊温泉、砂蒸し温泉など、魅力的な温泉が目白押しだ。

島の名産には、大名竹のタケノコやトビウオ、サワラなどがあるが、とくに評判なのは、ニガリのかわりに海水を使って固めた悪石豆腐で、島の集まりには欠かせない。民宿に頼めば、つくってくれることもある。

なお、島内に食堂はないため、食事は民宿でとることになる。現在、3軒の民宿が紹介されているが、どの民宿も基本的には1泊3食で設定（トカラ列島の宿はみな同じ）されている。

DATA

人口58人／面積7.49㎢／周囲8.8㎞
［主なアクセス］鹿児島本港南埠頭からフェリーで約10時間、もしくは名瀬港からフェリーで約5時間、悪石島港へ。

温泉マークが描かれた石の隣に、
海中温泉が湧いている

南の島らしくガジュマルも茂っている

No.16

奄《あま》美《み》大《おお》島《しま》

（鹿児島県奄美市、大島郡龍郷町・瀬戸内町・大和村・宇検村）

広大な大地に大陸的な風景が広がる島

九州と沖縄のあいだに横たわる奄美大島は、面積が約７１２平方キロあり、佐渡島に次いで日本で2番目に大きい。とても離島とは思えない大陸的な風景が広がり、来訪者は圧倒される。

真冬でも、最低気温が10度を下回ることは滅多にない。春先の香り高い柑橘類・タンカンは絶品だし、小さな工場でつくられている「純黒糖」の旬は冬場で、味も格別だ。

美しいマングローブの原生林は、この島がいかに
色濃く自然を残しているかを物語る

また、お酒好きには、奄美群島でしか製造が認められていない「奄美黒糖焼酎」も見逃せない。

空港は島の北端にあるが、島の政治経済の中心はもっと南の名瀬《なぜ》だ。空港に近い「奄美リゾートばしゃ山村」では、島人気分でカマド料理や塩づくり、島唄体験などができる。

奄美ならではの自然と文化を体中に感じる

従来は、海水浴、ダイビング、シュノーケリング、釣り、カヌーでのマングローブ原生林めぐりなど、海や川をフィールドにした楽しみが多かった。

最近は奥深い山も見直され、高さ10メートルほどの巨大な木性のシダ・ヒカゲヘゴが茂る金作原《きんさくばる》やマテリアの滝を訪ねるツアー、アマミノクロウサギなどの夜行動物を観察するナイトツアーの参加者も増えている。

また、晩年を奄美で過ごし、個性的な作品をたくさん残した日本画家・田中一村《たなかいっそん》の作品を集めた美術館も人気。夜は民謡酒場へ出かけ、独特の哀調がある島唄に耳を傾けるのもいい。

DATA

人口62803人／面積712.21㎢／周囲461.0㎞
主なアクセス　鹿児島空港から飛行機で約50分。羽田・成田・伊丹などからも直行便がある。鹿児島港からフェリーも出ている。

落差12メートルの名瀑《めいばく》「マテリアの滝」

西郷南洲（隆盛）謫居《たっきょ》跡。維新の立役者は、
かつてこの島に流されていた

No.17

加《か》計《け》呂《ろ》麻《ま》島《じま》

（鹿児島県大島郡瀬戸内町）

失われた古きよき琉球の面影を残す島

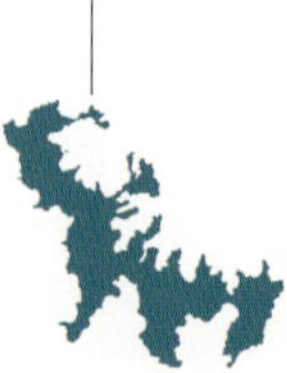

大きな奄美大島のすぐ南に寄り添っているのであまり目立たないが、熱烈な愛好者を持つのが加計呂麻島だ。入り組んだ地形で海岸線が極めて長く、1300ほどの人口に対して集落が約30もある。面積は約77平方キロで屋久島の約7分の1しかないが、海岸線は約148キロと屋久島の約1・2倍にも達する。

島の港に着くと、ずらりと並んだ5台

諸鈍《しょどん》のデイゴ並木は5月から6月にかけて真っ赤な花をつける

のバスに目を奪われる。集落数が多いので、5路線に分かれないと乗客の要望に対応できないのだ。加計呂麻島を訪れたら、このバスを利用しない手はない。団体の観光客が宿泊施設の前で停めてもらうよう事前にお願いしておけば、バス停以外で停まってくれる場合もある。

各地の見どころには島バスに揺られて回ろう

見どころも多く、島尾敏雄《しまおとしお》文学碑公園、安脚場《あんきゃば》戦跡公園、諸鈍のデイゴ並木、映画「男はつらいよ　寅次郎紅の花」のロケ地、美しいサンゴ礁の海などだ。

独特の霊気を漂わせる聖地も多く、愛好者たちは、集落の神秘的な雰囲気を魅力にあげる。沖縄では失われた古きよき琉球の面影が残るという人もいる。

この島は日帰りも可能だが、できれば一泊はしたい。夜になれば、天空には音を立てて流れ出しそうな天の川がくっきりと横たわり、流れ星がたびたび落ちてくる。そして海辺では、夜光虫が星に負けじと、鮮やかな光を放つ。

DATA

人口1328人／面積77.39㎢／周囲147.5㎞

［主なアクセス］奄美大島の古仁屋港からフェリーで約20分、生間《いけんま》港へ。もしくは約25分で、瀬相港へ。

太平洋戦争の記憶を残す
安脚場戦跡公園

ハイビスカスの花が咲いた民宿の庭の
向こうには、青い海が広がっていた

No.18

沖《おきの》永《え》良《ら》部《ぶ》島《じま》

花が咲き競う大地の下に広がる地底世界

（鹿児島県大島郡和泊町・知名町）

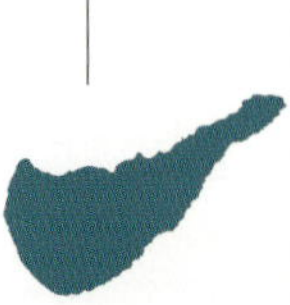

鹿児島から南へ５３６キロ、花と鍾乳洞で知られた奄美の島だ。昔から温暖な気候を生かした農業が盛んで、特産のじゃが芋「春のささやき」、石川里芋、サトウキビ、葉タバコなどが栽培されているが、中でも重要なのはテッポウユリやスプレーギクなどの花卉《かき》類だ。

南部の中央にそびえる大山一帯には、無数の鍾乳洞が眠っている。とくに、一般公開されている

全長3500メートルにもおよぶ昇竜洞探検は、
沖永良部島ならではの楽しみ

昇竜洞《しょうりゅうどう》は、鐘乳石の発達がすばらしく、フローストーンは全国最大級だ。また、総延長が全国第2位の鐘乳洞・大山《おおやま》水鏡洞《すいきょうどう》などでケイビング（洞窟探検ツアー）も楽しめるので挑戦してみよう。探検に必要なヘルメット、ヘッドランプ、つなぎ、軍手などは貸してくれる。

鍾乳洞探検のあとはタラソテラピーと島歩きを

厳しい農作業による島人たちの体調不良を癒すため、タラソテラピー（海洋療法）を実践する入浴施設としてつくられた「タラソおきのえらぶ」は、観光客でも利用が可能だ。

ほかにも見どころは多く、15世紀の島主「世之主加那志《ヨノヌシガナシ》」の琉球式墓や、島の全貌どころか沖縄本島まで見渡せる最高峰・大山の山頂にある大山植物公園・展望台。さらに、奄美十景に選ばれ、映画『青幻記』のロケ地となった景勝地・田皆岬や、国頭《くにがみ》小学校の校庭で大きく枝を広げた「日本一のガジュマル」、波浪が激しいときは70メートルもの高さまで潮を吹きあげるフーチャ（潮吹き洞窟）などがあげられる。

DATA

人口13340人／面積93.65㎢／周囲55.8㎞
［主なアクセス］鹿児島空港から飛行機で約1時間10分。もしくは鹿児島新港からフェリーで約17時間半、和泊港へ。

15世紀に島を統治した世之主の
墓は島の中央にある

国頭小学校の校庭にある「日本一のガジュマル」

No.19

与《よ》論《ろん》島《じま》

（鹿児島県大島郡与論町）

海の透明度は抜群！　奄美最南端の楽園

　1972年に沖縄が本土復帰を果たすまで、日本最南端の島として、若者を中心に多くの観光客でにぎわった島だが、現在は最南端の座を失い、静けさを取り戻している。沖縄本島の最北端・辺戸《へど》岬が、島の南に望める。

島には河川がほとんどないため、海の透明度は抜群だ。真っ白に輝く砂浜の大金久《おおがねく》海岸や、干潮時にその沖に姿を現す百合ケ浜《ゆりがはま》（奄美十景の一つ）、夕陽の美しさ随一の兼母《かねぼ》海

島内で最も眺望にすぐれた与論城跡からの景観。晴れた日は沖縄本島も見える

岸（サンセットビーチ）などに、多くの人が集まる。

宴会の席などで島の黒糖焼酎を回し飲みする与論献奉《けんぽう》は、与論島への客人をもてなす島特有の習慣だ。観光客も誘われるので、酒に弱い人は注意したほうがいい。飲めない場合はそのまま返しても失礼には当たらない。

古の面影を残す一方で廃れつつある旧習も

古の琉球の面影が色濃い与論島に対する理解を深めるには、与論民俗村を訪ねるといい。伝統的な生活文化を捨て去ることが進歩と考えられていた時代から、貴重な民具などを集め続けていて、島人の心を後世に伝えるすぐれた資料館となっている。

毎年旧暦の3・8・10月の15日に与論城跡で奉納される五穀《ごこく》豊饒《ほうじょう》を願う「十五夜踊り」は、国の重要無形民俗文化財だ。

最近まで土葬をして数年後に改葬する風習があったが、火葬場ができて急速に旧習が廃れつつある。

このほか、毎年3月に開かれるヨロンマラソンには、多くの島外参加者がやってくる。

DATA

人口5424人／面積20.47㎢／周囲23.7㎞
［主なアクセス］那覇空港から飛行機で約40分。もしくは那覇港からフェリーで約4時間40分。鹿児島からも空路と海路がある。

抜群の透明度を誇る
エメラルドグリーンの海

島の生活文化を知りたいなら
与論民俗村に行くといい

対馬島 P92
壱岐島 P96
的山大島 P100
福岡県
福岡
佐賀県
佐賀
長崎県
池島 P112
熊本
長崎
久賀島 P108
熊本県
軍艦島 P88
福江島 P104
鹿児島県

第3章　九州北部

No.20

軍《ぐん》艦《かん》島《じま》（長崎県長崎市）

日本の近代化を支えてきた産業遺産の島

正式名は端島《はしま》というが、舟形の島影に高層建築物が林立する姿を、軍艦「土佐」に見立てた愛称が広く知られている。南北480メートル、東西160メートル、周囲約1・2キロ、面積約0・06平方キロの小島だ。

戦前から炭鉱の島として大いに栄え、最盛期の1960年ごろには約5300人が住み、人口密度は日本一を誇った。

軍艦島の愛称は外観が戦艦「土佐」に似ていることに由来する

また、鉄筋コンクリートの集合住宅が日本で最初に建てられたのもこの島だ。

島で石炭が発見されたのは1810年のこととされ、明治半ばに三菱の経営となり、本格的な操業を開始した。だが1974年、石炭産業の斜陽化により閉山。わずか3ヵ月で無人島になった。

廃墟が世界遺産になる日も近い？

無人となって以降、上陸は禁止されたが、密かに訪れる人は後を絶たなかった。上陸規制が厳しくなったのは、「軍艦島を世界遺産にする会」ができ、一般の人からも注目されるようになってからだ。

その後、晴れて世界遺産暫定リストに載って整備が終わり、ツアーに参加すれば誰でも上陸できるようになった。

かつては廃墟マニアの聖地だったが、現在のツアーの参加者は普通の観光客だ。上陸して歩くのが理想的だが、外海に面しているので、悪天候や高波などの理由で上陸ができないことも。そのときは、周辺をクルージングして戻ってくることになる。

DATA

人口0人／面積0.06㎢／周囲1.2㎞

［主なアクセス］軍艦島クルーズなど、現在4社が軍艦島上陸ツアーを催行している。条件をよく確認してから参加すること。

かつて総合事務所だった建物も
風化の一途をたどる

建物がぎっしりと居並ぶ廃墟には静けさが漂う

No.21

対馬島《つしまじま》（長崎県対馬市）

朝鮮との交流に翻弄されてきた国境の島

日本と韓国を隔てる朝鮮海峡に、南北70キロ以上にわたって横たわる山の連なった島が対馬島だ。中央部の浅茅《あそう》湾に代表されるリアス式海岸が多い島で、海岸線は東京駅から広島の三原《みはら》駅までの路線長に匹敵する約８３０キロ。面積は約６９６平方キロあり、佐渡島（２４６ページ）、奄美大島（70ページ）に次ぐ広さを誇る。

韓国の釜山《プサン》まで50キロ弱で、北部の鰐《わに》浦《うら》にある韓国展望所からは、天候に恵ま

島の中央部に位置するリアス式海岸の浅茅湾は景観が美しく、
対馬の主要な観光名所の一つ

れた日には異国のビル群や花火大会が望める。歴史的に朝鮮との関係は深く、江戸時代、対馬藩は釜山に倭館（日本人居留地）を設けて、日本と朝鮮を結ぶ外務省の役割を果たした。この十余年は、韓国からの高速船が就航して、観光客が押し寄せるようになっている。

離島にしては珍しく城下町の風情が残る

島の南部にある対馬藩10万石の城下町・厳原《いづはら》が文化・経済の中心地。ここに、歴代藩主の墓がある万松院《ばんしょういん》、武家屋敷などが残されている。原始林の残る竜良山《たてら》も、トレッキングするのに打ってつけの場所だ。

中部にも、対馬国一宮である海神《かいじん》神社をはじめ、歴史ある社寺が多い。対馬のシンボルで、空港から比較的近い白嶽《しらたけ》の山頂からは、島の全体が見渡せる。

また、南部の豆酘《つつ》に伝わる古代米の赤米が2013年、皇室献上米となり注目を集めた。郷土料理は、いりやき、ろくべえ、対州そばなどが有名である。

DATA

人口33166人／面積696.10㎢／周囲832.9km

［主なアクセス］長崎空港から飛行機で約35分、対馬空港へ。もしくは博多港から高速船で約2時間15分、厳原港へ。

対馬藩10万石の城下町・厳原に
残る武家屋敷

対馬国一宮・海神神社。周囲は
国定公園になっている

No.22

壱岐島《いきのしま》（長崎県壱岐市）

古代遺跡と白浜が広がる悠久の島

2010年に一支国《いきこく》博物館が開館した壱岐島は、歴史ファンだけでなく広く注目を集めている。中国の史書『魏志倭人伝《ぎしわじんでん》』に出てくる国の中で、「一支国イコール壱岐」と唯一、特定されている場所だ。

博物館がある原《はる》の辻遺跡は、王都とされている。ここでは、日本最古の船着場跡や当時の住居跡などが確認された。

弥生時代の遺跡、原の辻遺跡は国の特別史跡に指定されている

弥生時代の遺跡で、国の特別史跡に指定されているのは、ほかに登呂《とろ》（静岡県）と吉野ケ里《よしのがり》（佐賀県）しかない。

このほかにも、横穴式古墳の鬼の岩屋、はらほげ地蔵、黒崎砲台跡、イルカパーク、奇岩の猿岩や左京鼻、島の最高峰・岳《たけ》の辻《つじ》など、見どころも多い。

古の文化と海水浴以外にグルメの楽しみも

島の西部には、神功皇后《じんぐう》が応神天皇《おうじん》の産湯《うぶゆ》をつかわせたという伝説を持つ、名湯・湯ノ本温泉が湧く。

北部の勝本は朝市が有名。名産の粒ウニやガゼみそ（ウニと味噌を練った珍味）、干物などの人気が高い。

また、壱岐の特産といえば、麦焼酎を忘れてはならない。癖が少なく口当たりがいいため、女性にも人気がある。

筒城浜《つつきはま》など白砂のすばらしい海水浴場が多い壱岐にあって、勝本の沖に浮かぶ無人島・辰ノ島の海の美しさは特筆に値する。夏のシーズン中は、勝本港から辰ノ島への渡船が頻繁に出ているので、簡単に渡ることができる。

DATA

人口28628人／面積133.80㎢／周囲167.5㎞

［主なアクセス］長崎空港から飛行機で約30分、壱岐空港へ。もしくは博多港から高速船で約1時間10分、郷ノ浦港へ。

海辺に並ぶ「はらほげ地蔵」は、お腹に穴があいている

白砂の美しい筒城浜のさざなみの痕

No.23

的山《あづち》大《おお》島《しま》

（長崎県平戸市）

古くから海路の要衝として知られた島

平戸の北15キロ、玄界灘《げんかいなだ》に横たわる島で、2005年に平戸市と合併するまでは、1島1村で長崎県唯一の村だった。古くから交通の要衝《ようしょう》で、室町時代は遣明船《けんみんせん》の寄港地として知られた。

2008年に重要伝統的建造物群保存地区（重伝建地区）に指定された古い港町の風情を残す神《こうの》浦《うら》地区は、江戸時代

江戸時代当時の古い港町の風情を色濃く残す神浦地区は、島を象徴する存在

初期にできた漁村集落が鯨《くじら》組の成立とともに発展し、鯨組廃業後、跡地の再開発で新しい町家が築かれ、今の街並みの骨格ができたという。

なお、西部の的山地区にも、神浦のような古い街並みが残っているが、こちらは重伝建地区には指定されていない。

江戸時代の捕鯨文化と街並みを今に伝える

ふるさと資料館には、神浦地区の説明資料、捕鯨絵図《ほげいえず》、古墳出土品、生活民具などが展示されている。

島領主の館跡に建つ長徳寺、松浦藩主奉納の鳥居がある天降神社、江戸時代中期の1724年につくられた梵鐘《ぼんしょう》が残る真教寺なども見どころだ。

平地の少ない島で、複雑な海岸線を持つ北東端には、雄大な海蝕崖・大賀断崖が連なっている。断崖上部には展望所があり、遠くは壱岐・対馬も望める。

また、島内各地で美しい棚田がつくられており、春から秋にかけては季節ごとに異なった趣の表情を見せてくれる。

DATA

人口1180人／面積15.52㎢／周囲38.0㎞
［主なアクセス］平戸港からフェリーで約45分、的山港へ。神浦に寄航する便もある。

断崖絶壁の連なった大賀断崖

島内各地には美しい棚田がつくられている

No.24

福《ふく》江《え》島《じま》（長崎県五島市）

歴史遺産と絶景を抱く五島列島の中心

長崎市の西、約１００キロの東シナ海に連なる五島列島で、経済・文化の中心となっている島だ。面積約３２６平方キロと、五島列島では最大の大きさを誇り、種子島（58ページ）に次いで全国でも8番目に広い。奄美諸島が復帰するまで日本最西端だった大瀬崎は、夕日の絶景地だ。東シナ海に突きでた断崖の上に、「日本の灯台50選」にも選ばれた

かつて日本の最西端だった大瀬崎は
「日本の夕陽百選」にも選ばれた名所

白亜の大瀬崎灯台がそびえ、最果て感をかきたててくれる。

　頓《とん》泊《とまり》と高浜の海岸は遠浅で、翡翠《ひすい》から群青《ぐんじょう》に変化する水の色と白砂の対照がすばらしく、高浜は「日本の渚100選」の中でも最も美しい。島の南東部にある鬼岳や鐙瀬《あぶんぜ》海岸など、火山由来の地形も興味深い。

世界遺産候補など、文化的景観に目をみはる

大自然の絶景ばかりではなく、文化的な見どころも多いのがこの島の特徴だ。世界遺産暫定リスト掲載の堂崎天主堂（堂崎教会）をはじめ、水ノ浦教会、渕ノ元カトリック墓碑群、福江城跡、明星院天井画、武家屋敷通りなどがあげられる。福江城は三方が海に囲まれた日本でも珍しい海城だ。

福江島のグルメといえば、五島牛のステーキや五島うどん、アゴ（トビウオ）出汁、かんころ餅などだ。

カットッポ（ハコフグ）の味噌焼きは、固い箱状になったフグの皮を器にして、肝や身をほぐして味噌と混ぜ焼きあげたものので、五島ならではの酒の肴にぴったりの料理だ。

DATA

人口36668人／面積326.00㎢／周囲322.1㎞
［主なアクセス］長崎空港、および福岡空港から飛行機で約40分、福江空港へ。もしくは長崎港から高速船で約1時間25分。

五島で最初の教会として
建築された堂崎天主堂

石田城の別名を持つ福江城跡

No.25

久《ひさ》賀《か》島《じま》（長崎県五島市）

キリシタンの伝統を今に伝える教会の島

福江島の北東に横たわる馬蹄《ばてい》形の島だ。１８６８年、久賀島で6坪の狭い仮牢に２００名以上が８ヵ月にわたって監禁されたため、42人が殉教《じゅんきょう》する事件があった。日本最後のキリシタン大弾圧で「牢屋の窄《さこ》」という。

この弾圧を生き延びた人たちが中心となって、島の南西部に木造の浜脇教会がつくられた。１９３１年の建設当時は珍

五輪の海沿いに並ぶ教会群。木造の旧五輪教会（中央左）は五島列島で最古の木造教会だ

しかったコンクリート造の現浜脇教会は、2代目に当たる。白亜の尖塔がそびえる美しい教会は、久賀島で最も高く、大きい建物である。

木造の旧五輪《ごりん》教会は島の東部に位置し、国の重要文化財であり、世界遺産暫定リストに掲載されている。

【教会見学のあとはヤブツバキの原生林を訪ねる】

島の北部、蕨《わらび》集落の対岸に浮かぶ人口9人の蕨小島は、面積が0・03平方キロと、日本で最も小さな有人島だ。全員がカトリック教徒で、礼拝のため船で久賀島の五輪教会へ通う。

広大なヤブツバキの原生林があり、ヤブツバキに関連した生活や文化とともに、国の重要文化的景観に選定されている。また、五島列島の中でも久賀島の棚田でとれる米は、小粒だがうまいと評判だ。

近年では、フランスのコルシカを拠点に世界で活躍する画家の松井守男《まついもりお》氏が、旧田ノ浦小学校の校舎をアトリエとして使っていることでも知られている。

DATA

人口374人／面積37.35㎢／周囲62.8㎞
［主なアクセス］福江島の奥浦港からフェリーで約20分、田ノ浦港へ。もしくは福江港からフェリーで約35分。

浜脇教会は八角形の尖塔が美しい

「牢屋の窄」の悲劇を今に伝える碑

No.26

池《いけ》島《しま》（長崎県長崎市）

閉山後も人や施設が残る「生きた軍艦島」

かつて炭鉱の島として栄えた池島は「生きた軍艦島」である。戦後から開発がはじまった石炭の採掘は、現在おこなっていないが、関連施設はほとんどそのまま残っている。軍艦島に興味がある人は、ぜひ池島も訪ねてほしい。

建築された当時としては高層だったアパート群は老朽化が目立ち、一部の部屋には植物の侵入も許しているが、まだ島人が生活する棟もある。

国内の島で、最後

さすがに老朽化は隠せないが、池島の高層住宅群はまだまだ現役

まで炭鉱が稼働していたのが、池島だった。閉山になったのは、2001年11月と21世紀に入ってからのことだ。

その後も、国の政策によって中国や東南アジアの炭鉱技術者を教育する場として使われていたが、現在はそれらのプロジェクトも終了してしまった。

国内の島で最後の炭鉱が、島ごと産業遺産に

しかし最近になって、炭鉱体験ツアー（要予約）が催行されはじめると、観光客がやってくるようになった。

元炭鉱マンのガイドとともに、かつて使われたトロッコ電車に乗り坑内に入って、坑道掘進跡や採掘現場復元箇所を見学し、本物の採炭機械を操作することもできる。

最盛期には7000を超えた人口は、現在200を割り込もうとしている。さすがに人口は激減してしまったが、商店、食堂、郵便局、診療所、小中学校、公衆浴場など、最低限の施設は一応維持されている。また、予約しておけば、池島開発総合センターに泊まることも可能だ。

DATA

人口212人／面積1.06㎢／周囲4.0㎞
［主なアクセス］大瀬戸港からフェリーで約30分、池島港へ。もしくは神浦港から進栄丸で約15分、フェリーで約30分。

港に面した石炭の積込施設

閉山の前日
貯炭場を走るトロッコ

第4章 山陽・山陰

西ノ島 P142
松江
鳥取県
島根県
岡山県
犬島 P13
広島県
岡山
生口島 P126
厳島 P118
真鍋島 P134
広島
大久野島 P122
尾道
山口県
呉
岩国
高松
丸亀
周南
香川県
祝島 P138
今治
徳島県
松山
愛媛県
高知県
高知

No.27

厳島《いつくしま》

（広島県廿日市市）

世界遺産を擁する世界一有名な日本の島

世界で一番有名な日本の島といえば、おそらく厳島だろう。海外の日本旅行ガイドブックの口絵には、ほぼ必ずカラー写真が掲載されているし、表紙に採用されることもしばしばだ。実際、厳島に行くと、多くの外国人旅行者とすれ違う。

海上に浮かぶ木造の厳島神社は、世界遺産好きな日本人が憧れるフランスのモン・サン・ミッシェ

夕日を浴びた厳島神社の大鳥居。
高さは16メートル、重さは60トンにもなる

ルと好一対を成していて、多くの人の心を惹きつける。

　島の象徴であるこの神社は平家からの信仰で知られる。自然と一体になった海上の建造物群、今に伝わる平安から鎌倉の建築様式、日本人独特の精神性を表す空間などが評価されて1996年、世界遺産に登録された。

日本三景の一角が魅せる美麗な文化的景観

その景観は古くから称賛され、松島、天橋立《あまのはしだて》とともに、「安芸《あき》の宮島」として日本三景とうたわれてきた。主な見どころは、大鳥居、平舞台、高舞台、本殿、能舞台、反橋、回廊などの建築物。大半が国宝や重文に指定されている。

とくに目立つ大鳥居の高さは、奈良の大仏とほぼ同じで16メートル。重さは60トンもあり、海底に固定されているのではなく、自らの重さだけで立っている。

原生林も残るほどの自然に恵まれた聖地・弥山《みせん》の散策や巡拝（途中まではロープウェーでも登れる）、カキやアナゴ、もみじ饅頭などのグルメも訪れる楽しみの一つだ。

DATA

人口1772人／面積30.39㎢／周囲28.9㎞
［主なアクセス］宮島口桟橋からフェリーで約10分、宮島港へ。もしくは広島港から高速船で約30分。

厳島神社の本殿と五重塔

秋のもみじ橋。
厳島は紅葉の名所としても知られる

No.28

大久野島《おおくのじま》（広島県竹原市）

戦時中は地図から消された毒ガスの島

「山陽の小京都」といわれる竹原《たけはら》の沖に、不思議なリゾートアイランドが浮かんでいる。芝生の広場やそこで遊ぶウサギが目につき、一見いかにもリゾートらしい。しかし、なぜか同じ場所に、世界で唯一といわれる毒ガス資料館もある。なぜなら、この大久野島は戦時中、軍によって地図上から消されていた「毒ガス製造工場の島」だったのだ。

昭和30年代後半になって工場を撤去し、国民休暇村をつくるときに、作業員がバタバタと倒れた。「死の涙と恐れられた毒ガスルイサイトの製造工場があった場所で、地面に沁《し》みこんでいたものが揮発《きはつ》したようです」と、当時を知る人が語ってくれた。

戦時中は毒ガス貯蔵庫だった建物。
現在はツタのからまった外壁を残すのみだ

バルチック艦隊の来襲に備えて要塞も建造

幸い大事には至らなかったが、製造を中止して20年近くたっても毒ガスはしつこい。観光客を迎えるヤシが大きく育ち、テニスコートなども備わった休暇村の周辺には、毒ガス研究室や毒ガス貯蔵庫も残っている。

さらに大久野島には、愛媛の小島《おしま》（168ページ）と対になった芸予要塞《げいよようさい》の跡まである。明治時代、日露戦争の開戦前、ロシアのバルチック艦隊の来襲に備えて建造された巨大な要塞だ。

今となっては「なんで瀬戸内の中心部に要塞を？」と思うが、ロシアが関門海峡を突破した最悪の事態を想定して、背水の陣を敷いたのだ。

DATA

人口7人／面積0.70㎢／周囲4.3㎞
［主なアクセス］忠海港からフェリーで約12分、大久野島港へ。もしくは盛港からフェリーで約13分。

世界でこの島にしかないとされる毒ガス資料館。
もちろん、安心して入館できる

ツタで覆われ尽くした旧日本軍発電所跡

No.29

生《い》口《くち》島《じま》（広島県尾道市）

瀬戸内海に浮かぶレモンと文化が香る島

愛媛県との境にあり、広島側の「しまなみ海道」（西瀬戸自動車道）では南端の島。瀬戸内海の中でも、最も島々が集中する地域の中心となる島である。柑橘類の栽培を軸とした農業と観光、造船が主産業だ。

とくにレモン栽培は歴史が古い。国産レモン発祥の島であり、生産量は現在も日本一だ。生口島では、輸入自由化で消

レモン畑から望む「しまなみ海道」。
レモン栽培と観光が主産業の生口島らしい光景

えかけた国産レモンを守り、防かび剤やワックスを使わない安心なエコレモンを生産している。

　レモンだけではなく、ミカンをはじめとした柑橘類（シトラス）の栽培が盛んで、世界の柑橘類約500種を収集展示しているシトラスパーク瀬戸田は、その象徴だ。

社寺、庭園、美術館……豊富な観光資源

生口島といえば、まず「西の日光」とも称される耕三寺《こうさんじ》があげられる。実業家の金本耕三が、1935年に造営を発願し、その後約30年かけて母の供養のため全国の代表的な社寺建築を再現したもので、日光の陽明門を模した孝養門が有名だ。

さらに2000年には、イタリア産の大理石で埋め尽くした白い庭園「未来心《みらいしん》の丘」がつくられ、新名所となった。

ほかにも、平山郁夫《ひらやまいくお》美術館、西日本随一のクラシック専用ホールであるベル・カントホール、中四国随一の海浜スポーツ公園サンセットビーチ、雨乞い祈祷の霊場として知られた火瀧観音、瀬戸田町歴史民俗資料館などもある。

DATA

人口9273人／面積31.05㎢／周囲33.6㎞
［主なアクセス］三原港から船で約30分、瀬戸田港へ。もしくは、しまなみ海道から車・自転車・徒歩で。

「西の日光」と称される耕三寺

青い背景に白が映える「未来心の丘」

No.30

犬《いぬ》島《じま》（岡山県岡山市）

製錬所の廃墟がたたずむアートと石の島

もとは石の島だった犬島は、江戸時代から鎌倉の鶴岡八幡の大鳥居の石や大坂城の石を産した土地として知られていた。明治30年代にも大阪港築港のための捨石産地になるなど、大阪とのつながりは深い。それが明治40年代から大正時代の前半まで、銅の製錬所の島として大いに栄え、数千の人口（現在はその約100分の1）を数えたこともある。

犬島製錬所の跡。現在では煙突と外壁だけが残され、往年の面影を偲ばせる

この数年で、犬島はがらりと変わった。きっかけは、製錬所の跡を生かした犬島アートプロジェクトだ。

犬島精錬所美術館、シーサイド犬島ギャラリーがつくられ、使われなくなっていた民家をアートとして再生する犬島「家プロジェクト」もはじまった。

本土から数分の船旅で出会える独特の景観

現在、50名ほどの島民が暮らしている岡山市内唯一の有人島であり、対岸の宝伝《ほうでん》から船で約10分に位置する島だが、最近は犬島の南側にある豊島《てしま》（152ページ）や直島《なおしま》（156ページ）といった島々から、アートつながりで訪れる人も多い。

採石場跡にできた池、各藩の紋所が刻まれた定紋石、石で畳んだ井戸、防災無線のメガフォンを支える石の支柱、各所で目にする石垣など、石に注目して歩いても興味深い発見が多い。

また、すぐ隣の北西に浮かぶ無人島の犬ノ島には、島名の由来になった犬の形をした巨大な岩を祀った犬石宮があり、祭りがおこなわれる5月3日だけ上陸できる。

DATA

人口50人／面積0.54㎢／周囲3.6㎞

［主なアクセス］宝伝港から船で約10分、犬島港へ。もしくは豊島の家浦港から船で約25分。

採石所の跡に雨水や湧水が溜まってできた池

製錬所の跡地は一部整備され、
犬島製錬所美術館となっている

No.31

真《ま》鍋《なべ》島《しま》（岡山県笠岡市）

水軍の本拠となった古き良き景色を残す島

広島県と県境を接する岡山の笠岡市には、七つの有人島がある。その南端に近く、目の前に香川県の佐柳島《さなぎ》を望むのが真鍋島だ。備中《びっちゅう》国小田郡の南端にある真南辺《まなべ》の島が、島名の由来といわれている。

平安時代末期、ここに本拠地を置いた水軍の真鍋氏は、全盛期には周辺の多くの島々を従えた。

真鍋一門の墳墓と伝わる平安末期から戦国末期にかけての五輪石塔群や、源平合

郷愁感のある真鍋中学校の木造校舎だが、現役で使用中だ。
ドラマのロケなどもここでおこなわれた

戦で亡くなった真鍋一門の供養塔という「まるどうさま（石造宝塔）」、さらに島内の2ヵ所に残る水軍城址（真鍋城址）など、関連の文化財も多い。

また、各所に残る昔ながらの景観が買われて『獄門島』や『瀬戸内少年野球団』などの映画ロケ地にもなっている。

失われた日本の原風景がノスタルジーを誘う

集落の中を縫う路地は狭く曲がりくねり、まるで迷路のよう。郷愁《きょうしゅう》を誘う木造校舎が残る中学校は、阿久悠《あくゆう》原作のNHKドラマ『ちりめんじゃこの詩』のロケにも使われた。最近、子連れで移住してくる人が増え、12人いる児童・生徒のうち、島出身の子どもは二人しかいない。

5月の3日から5日にかけては、走り神輿《みこし》がおこなわれ、島出身の若者たちがたくさん帰ってくる。中心となるのは中日（4日）で、岩坪の八幡神社で神事を終えた3基の神輿は、大漁旗で飾り立てた船に乗って本浦へ運ばれ、上陸すると威勢のよいかけ声とともに狭い路地を一気に駆け抜け速さを競う。

DATA

人口242人／面積1.48㎢／周囲7.6㎞
［主なアクセス］笠岡港から高速船またはフェリーで約45分〜65分、真鍋島港へ。

平安時代から戦国時代にかけて
島を治めた水軍・真鍋氏の城跡

岩坪の八幡神社で神事を終えた神輿が船に乗って運ばれる

No.32

祝《いわい》島《しま》

（山口県熊毛郡上関町）

霊薬の実と神舞が伝わる聖なる島

山口県南東部の瀬戸内海に突き出た室津《むろつ》半島の先端より12キロに浮かぶ。航海の安全を守ってくれる島として、古くから崇められてきた祝島は、『万葉集《まんようしゅう》』にも「家人は 帰り早来と 伊波比島 斎ひ待つらむ 旅行くわれを」とある。

歴史ある筋金入りのパワースポットで、秦《しん》の始皇帝が方士・徐福《じょふく》に命じて探させた不老不死の霊薬は、祝島のコッコ

全国的にも珍しい石を積みあげて漆喰で固めた練塀《ねりべい》。
祝島の大きな特徴

ー（キウイフルーツの原種）だといわれる。修験道の開祖・役小角《えんのおづの》もここで修行したと伝わっており、彼が修行したお堂（行者堂）も残されている。さらに、1100年以上前から神舞《かんまい》神事が続き、能や歌舞伎の主人公になっている平景《たいらのかげ》清《きよ》の墓と伝えられる平家塚まである。

練塀に棚田、風光明媚の島に響く原発反対の声

見どころは、集落のいたるところで見られる石積みの練塀と、強大な城郭の石垣を髣髴《ほうふつ》とさせる棚田などだ。また、宿では近海で獲れた飛びきりおいしい魚を食べさせてくれる。

1982年、中国電力が、祝島の対岸にある上関《かみのせき》町の長島に、原子力発電所の建設計画を発表した。予定地は、長島の集落からは遠く離れた場所だが、海を隔てた祝島の集落のすぐ目と鼻の先だった。

それから30年以上、島人たちは粘り強く原発反対運動を続けている。このため、近年では反原発の島としても知られるようになり、とくに福島の原発事故以降、注目が集まっている。

DATA

人口445人／面積7.69㎢／周囲12.7㎞
［主なアクセス］柳井港から船で約1時間10分。

祝島の棚田は高低差が激しく、
一見の価値あり

コッコーの実は、始皇帝が
求めた霊薬といわれる

No.33

西《にし》ノ《の》島《しま》

（島根県隠岐郡西ノ島町）

落差257メートルの断崖を誇る島

島根半島の沖に浮かぶ隠岐《おき》は、本土に近い島前《どうぜん》の3島と北側の島後《どうご》に分かれている。島前の1島である西ノ島は、面積56平方キロほどで、東京の三宅島とほぼ同じ面積だ。

西ノ島といえば、なんといっても雄大で変化に富んだ海蝕崖が続く国賀《くにが》海岸だ。国の名勝、国立公園にも指定されている。陸上からでもすばらしい眺めだが、より圧倒される

国賀海岸にある日本一の断崖「摩天崖」。
このあたりは放牧中の馬も目立つ

のは遊覧船からの眺めだ。

主な見どころとしては、落差257メートルで日本一の断崖ともいわれる摩天《まてん》崖《がい》や、巨大な天然アーチ橋の通天橋《つうてんきょう》、観音岩、赤壁、遊覧船で通り抜けられる200メートル以上の天然洞窟「明暗《あけくれ》の岩屋《いわや》」などがあげられる。

奇岩の造形美と由緒ある神社を満喫

この遊覧船コースに、最近、新顔が加わった。「ねずみ男岩」と「ぬりかべ岩」だ。漫画家の水木しげる氏ゆかりの地として賑わう境《さかい》港から隠岐まで観光客を呼ぼうという狙いだろうが、人気キャラクターに似た奇岩は、なかなか説得力がある。

ほかにも、焼火《たくひ》山の頂上近くにある焼火神社は、平安時代に書かれた『栄華物語』にもその名が見える由緒ある神社だ。江戸時代以降は、航海安全の神様として、全国の船乗りたちの崇敬を集めた。

また、後醍醐天皇が滞在した黒木御所や、時に大量のイカが押し寄せるイカ寄せの浜なども観光スポットとなっている。

DATA

人口3136人／面積55.97㎢／周囲116.5㎞
［主なアクセス］七類港からフェリーで約2時間30分、別府港へ。鳥取・境港や島後・西郷港からのフェリーもある。

奇岩「ねずみ男岩」（右）と「ぬりかべ岩」（左）

観音岩と夕日。夕景の美しい島でもある

第5章 四国

松江
鳥取県
鳥取
島根県
岡山県
広島県
岡山
小豆島 P148
広島
尾道
呉
広島 P160
丸亀
高松
豊島 P152
香川県
直島 P156
大三島 P164
今治
小島 P168
松山
徳島県
愛媛県
高知県
高知

No.34

小《しょう》豆《ど》島《しま》（香川県小豆郡小豆島町・土庄町）

オリーブと名作で知られる自然と文化の島

瀬戸内海で観光的に最も有名な島といえば、二度も映画化された名作『二十四の瞳』の舞台であり、オリーブの産地として名高い小豆島だろう。瀬戸内海では淡路島に次いで2番目に大きく、面積は約153平方キロである。

島の人口は3万人ほどで、北西の土《との》庄《しょう》町（隣の小《お》豊《で》島《しま》と豊島も含まれている）と南東の小豆島町とに分かれる。

園内散策も楽しい小豆島オリーブ公園。
小豆島は日本におけるオリーブ栽培発祥の地である

２００８年には、オリーブ百年祭でにぎわった。土庄港でまず目にするのも、オリーブの木に囲まれた「二十四の瞳平和の群像」だ。

オリーブがとくに多いのは、小豆島町の南岸だ。オリーブの古木が群がる小豆島オリーブ公園やオリーブ製油所もこの地域にある。

日本らしい味と懐かしい風景を思い出す

名産の素麺《そうめん》「島の光」と並んで全国的に著名なのが醤油。歴史が詰まった木造の醤油蔵が今なお立ち並び、マルキン醤油記念館では醤油のソフトクリームも人気だ。

半島部には『二十四の瞳』の舞台になった岬の分教場が残され、その先には映画村と作者の壷井栄《つぼいさかえ》文学館がある。また、干潮時にだけ歩けるようになるエンジェルロードは、カップルに大人気だ。

小豆島で忘れることができないのが、島の中部で雄大な渓谷美をみせる寒霞渓《かんかけい》。四季折々美しい景色をみせるが、とくに秋の紅葉がすばらしい。

DATA

人口30303人／面積153.29㎢／周囲125.7㎞
［主なアクセス］高松港からフェリーで約1時間、土庄港へ。もしくは岡山県の新岡山港からフェリーで約1時間10分。その他航路多数。

名作「二十四の瞳」の「平和の群像」

紅葉に染まった寒霞渓

No.35

豊島《てしま》

（香川県小豆郡土庄町）

島名どおり見どころや天然資源が豊富

最初に訪れたとき、豊島はすでに産業廃棄物不法投棄の島として注目され始めていた。そこで出会った地元の人に「この島は、なぜ豊島と書くか、わかりますか」と聞かれて一瞬、言葉に詰まった。

答えは簡単明瞭。「豊かな島だから」。その名に恥じず、日本最大のオリーブ園（小豆島ではなく豊島にある）、島内

島内の美しいオリーブ畑と棚田は、
豊島の由来となった豊かさを体現している

で米が自給できるという見事な棚田、幕末から明治にかけての材木商で大ソテツがある片山邸、高さ50メートル、幅10メートル、奥行き40メートルという巨大洞窟となっている大丁場（島の特産・豊島石の採石場）、歴史ある家浦八幡神社など、見どころには事欠かない。

景観からアート、お接待まで楽しめる

さらに、周辺の島々と中四国が一望できる絶景の地・檀山《だんやま》展望台、豊かな水がこんこんと湧き出す唐櫃《からと》の清水、家浦集落の石垣、隠れキリシタンの墓石などが主な見どころだ。

近年になって、豊島美術館や豊島横尾館が完成。また、島内各所に多くのアート作品が展示されて、国内外の観光客が訪れるようになっている。

旧暦の3月21日の春のお大師参りは、地元の人たちの温かな接待が評判で、島外からも多くの人が参加する。

現在は産廃の処理も進んでいるが、過剰消費社会を省《かえり》みるためにも、一度処理施設を見学することをすすめたい。

DATA

人口939人／面積14.49㎢／周囲18.0㎞
［主なアクセス］香川県の高松港からフェリーで約35分、家浦港へ。もしくは岡山県の宇野港からフェリーで約40分。

ところどころに美しい石垣が残る家浦集落

唐櫃の清水。弘法大師が湧かせたという伝説がある

No.36

直《なお》島《しま》

（香川県香川郡直島町）

モダン建築物群の中に経済成長の爪痕が残る島

近年、アートの島として世界的に名高い直島の中でも、とくに人気の高いのが安藤忠雄《あんどうただお》氏の設計した地中美術館だ。建物自体がアートとして高く評価されており、ほとんどが地に埋もれている。所蔵作品の中では、印象派の巨匠モネの大作「睡蓮」はみごとだ。

古い家屋を改修し、空間そのものをアートにした「家プロジェクト」も注目

島の南端にあるベネッセハウスでは現代アートが楽しめ、
2階カフェからは瀬戸内海のすばらしい景色も望むことができる

を集めている。島の南部には現代アートの作品を展示する美術館とホテルが一体となったベネッセハウスがある。役場、小中学校、福祉センターなどの公共施設は、石井《いしい》和紘《かずひろ》氏設計のユニークな建物。また、女性だけで演じる女文楽は全国的にも珍しく、県指定無形文化財だ。

企業城下町として発展した銅の製錬所の島

しかし、その一方で直島に対する周辺地元民の印象は「製錬所の島」だ。島の北側に、三菱合資会社（現・三菱マテリアル）が銅の製錬所を設けたのは大正時代の1917年。

企業城下町として発展したが、排煙の規制が緩やかだった時代に公害を引き起こし、その後遺症で今も周辺の山は岩肌が剥き出しになっている（山火事の影響もある）。

また、銅の副産物として金も製錬され、かつては東洋一の金生産量を誇ったこともあったという。

近年、ここに香川県直島環境センターが建設され、豊島（152ページ）に不法投棄された産廃の処理をおこなっている。

DATA

人口3189人／面積7.80㎢／周囲27.8㎞
［主なアクセス］宇野港からフェリーで約20分、宮浦港へ。もしくは高松港からフェリーで約1時間。

石井和紘氏設計の直島町役場

フェリー乗り場の向こうに、岩肌が
剥き出しとなった山が見える

No.37

広《ひろ》島《しま》（香川県丸亀市）

島歩きが楽しい絶景と神事の島

広島と聞くと、多くの人は広島県や広島市を思い浮かべるだろう。しかし、ここで紹介するのは香川県の広島。丸亀市の沖合約13キロの瀬戸内海に浮かぶ通称「讃岐《さぬき》広島」だ。

広島は江戸時代、幕府に労力を提供することで自治を認められた船乗りの集団「人名《にんみょう》」たちの本拠地・塩飽《しわく》諸島の中

弘法大師ゆかりの心経《しんぎょう》山から、眼下に広がる
青木集落と瀬戸内海を望む

で、最も面積が広い。人口も、本島《ほんじま》（丸亀市）に次いで2番目に多い。

彼らは航海技術にすぐれていたので、幕末に咸臨丸《かんりんまる》を操り太平洋を横断する際、じつに水夫《かこ》の7割に及ぶ35人が、幕命により塩飽諸島から動員された。広島からも11人の水夫を送り出している。

通な島旅で不思議な風景と出会おう

広島は、じっくり歩くとじつに興味深い。おすすめは、江の浦から最高峰の王頭《おうとう》山と、弘法大師ゆかりの山である心経山を経て、採石業の青木集落に下るコースだ。

途中の王頭砂漠では、真っ白な砂の原に盆栽のような木々と巨石が点在する不思議な風景を見られる。

ほかにも絶景ポイントが何ヵ所もあり、多数の島が散らばる大海原だけではなく、採石場の特異な眺めも楽しめる。百々手《ももて》神事やお大師参りなどの伝統行事は、一見の価値あり。

また、茂浦の松田家石垣や立石の尾上家石垣は、小さな城郭の風格を漂わせている。

DATA

人口293人／面積11.66㎢／周囲18.6㎞
［主なアクセス］丸亀港から旅客船で約20分、もしくはフェリーで約45分、江の浦港へ。

茂浦の松田家石垣

まるで外国の風景を見ているような王頭砂漠

No.38

大《おお》三《み》島《しま》（愛媛県今治市）

しまなみ海道の中核をなす戦勝祈願の島

今治市の北約15キロの沖合に浮かぶ大三島は、愛媛県内で最大の島だ。愛媛県側の「しまなみ海道」の北端にあり、隣接する北の生口島（126ページ）とは多々羅《たたら》大橋で、南の伯方《はかた》島とは大三島橋で結ばれている。

大きな島だけに見どころも豊富だが、とくに島の東に架かる多々羅大橋の袂《たもと》とその周辺には、村上三島記念館、多々羅

鷲ヶ頭山の山頂から見上げた星空と大三島の夜景。
風光明媚な島なので、展望台がいくつもある

総合公園、キャンプ場、多々羅温泉、道の駅「多々羅しまなみ公園」、多々羅スポーツ公園、多々羅展望台などの施設が集まっている。

中央部には風光明媚な鷲ヶ頭《わしがとう》山がそびえ、南部には激しい潮流で知られた鼻栗《はなぐり》瀬戸《せと》に架かる大三島橋を一望する鼻栗瀬戸展望台もある。

国宝の武具甲冑類全国の8割を収蔵する神社

現在ではしまなみ海道の中核をなす島の一つだが、古来、伊予国一宮である大山祇《おおやまづみ》神社がある島として、広く尊崇されてきた。日本総鎮守であり、四国唯一の国幣大社でもあった。

宝物館には、国宝・重文に指定されている全国の武具甲冑類のなんと8割が収蔵されているという。この異様なほどの集中度は、全国の武将たちから戦勝祈願と戦勝へのお礼として古来奉納され続けてきたからだ。

源頼朝や義経が奉納したと伝わる鎧もあり、時を1000年くらいさかのぼった気分になる。また、境内のクスノキ群も国の天然記念物になっている。

DATA

人口6245人／面積64.53㎢／周囲88.8㎞
［主なアクセス］忠海港からフェリーで約25分、盛港へ。もしくは今治駅前から大山祇神社前まで、バスで約1時間。

伊予国一宮の大山祇神社は、
古来、戦勝祈願で有名

神社の境内にある天然記念物のクスノキ

No.39

小島《おしま》（愛媛県今治市）

美しき赤レンガの戦争遺跡が眠る島

しまなみ海道の南端、来島海峡第三大橋のすぐ北側に浮かぶのが、要塞の島として知られる小島だ。

発電所、南部砲台、地下兵舎、弾薬庫、中部砲台、北部砲台、探照灯台、島で一番高いところにある司令塔などの跡地を歩くと、大久野島（122ページ）と対でつくられた芸予要塞の施設が、今も生々しい存在感で迫ってくる。

現在の金額で10

赤レンガの芸予要塞は保存状態がよく、
当時の原形を未だに留めている

0億円以上かかった工事は、1899年5月に着工し、わずか10ヵ月で完成した。探照灯用に発電所を設けたため、小島に電気がついたのは今治や松山よりも早かったという。

大久野島と同じくバルチック艦隊に備えたこの要塞も、やはり実戦に使われることはなかった。

砲台廃止後、要塞の島から観光の島へ

1922年の砲台廃止決定から4年後、航空機による爆撃演習の標的とされたが、ほとんど破壊されなかった。そのため、今もこれらの遺跡が綺麗に残っている。

払い下げを受けた波止浜《はしはま》町は、道路改修、海水浴場整備、売店設置、定期船増便など、行楽地としての整備を進めた。

また、伊予商運の斎藤為助は、京阪神から行楽客を呼びこもうと、弾薬庫を利用した宿泊施設を整備して、弓場やテニスコートまでつくり、サクラとカエデを1000本ずつ植えた。

そのお陰で、今も春と秋は風情ある景色を楽しめる。島までの船旅では、激しい潮流で生じる八幡渦《はちまんごう》が見られることもある。

DATA

人口15人／面積0.50㎢／周囲3.0㎞
［主なアクセス］波止浜港から船で約10分、来島港を経由して小島漁港へ。

中部砲台跡も綺麗な外観のまま
残っている

28センチ榴弾砲のレプリカ

第6章 関西・東海

富山
富山県
金沢
石川県
福井
福井県
岐阜県
沖島 P178
岐阜
名古屋
京都府
兵庫県
京都
滋賀県
大津
愛知県
神戸
大阪
津
奈良
大阪府
三重県
奈良県
和歌山
篠島 P182
淡路島 P174
和歌山県
佐久島 P186

No.40

淡《あわ》路《じ》島《しま》（兵庫県淡路市、洲本市、南あわじ市）

食と観光名所に恵まれた瀬戸内海最大の島

佐渡島、奄美大島、対馬島に次ぐ全国で4番目に大きな島で、面積約592平方キロは東京23区（約623平方キロ）とほぼ同じ。瀬戸内海では最大の島だ。北は神戸市と明石《あかし》海峡大橋で、南は鳴門《なると》市と大鳴門橋でつながっている。『古事記』や『日本書紀』の国生み神話によると、伊弉諾《いざなぎ》と伊弉冉《いざなみ》が次々と大《おお》八島《やしま》（北海道と沖縄を除く日本）を生んでいく中で、最初に生まれたのが淡路島とされている。

都から四国への要路《ようろ》として古代から重要視されてきた島で、「阿波《あわ》（徳島県）の国への路」なので淡路と名づけられたという。江戸時代には徳島藩の知行地であったが、明治に入ってから廃藩置県《はいはんちけん》を経て、兵庫県に編入された。

本州と島をつなぐ明石海峡大橋。
明石海峡は、古くから瀬戸内海の要路として重要視された

豊富な観光資源を目当てに多数の来島客が

淡路島は、淡路市、洲本市、南あわじ市と三つの市からなり、小さな島とは趣が異なる。とはいえ、豊かな自然が残り、農業も漁業も盛んで、うまい食材を産する魅力的な観光地のため、京阪神から日帰りで訪ねる人が多い。とくに玉ねぎの名産地で、玉ねぎを挟んだ「あわじ島バーガー」は大人気だ。

四季折々花が咲き乱れる「あわじ花さじき」、やはり花が美しい明石海峡公園、早春にスイセンの花で埋め尽くされる灘黒《なだくろ》岩水仙郷《いわすいせんきょう》、イギリスの田園風景が広がる淡路ファームパークイングランドの丘、ほかにも、伊弉諾神宮、洲本《すもと》温泉、淡路人形浄瑠璃資料館など、見どころもたくさんある。

DATA

人口14310人／面積592.00㎢／周囲203.0㎞
［主なアクセス］明石海峡大橋または大鳴門橋から車で。もしくは三ノ宮駅などから高速バス。

あわじ花さじき。
淡路は花の島としても知られる

全国シェアの1割弱を占める玉ねぎ干しの風景

No.41

沖《おき》島《しま》（滋賀県近江八幡市）

琵琶湖に浮かぶ日本唯一の湖上有人島

琵琶湖の島といえば「琵琶湖周航の歌」にも登場する竹生《ちくぶ》島が有名だが、その10倍以上大きな沖島には330人ほどが住んでいる。現在の日本で唯一、湖に浮かぶ有人島だ。

保元《ほうげん》・平治《へいじ》の乱で敗れた源氏が住みついたといわれ、織田信長が小谷《おだに》城（長浜市）を攻めたときに加勢して、琵琶湖で

沖島の集落と港。
港沿いに漁船と家々がびっしり並ぶ光景は、なかなか壮観だ

一里四方の漁業権を安堵されたという。

島には自動車が1台もなく、ほとんどの家にマイボートがある。消防車もないが、火事の備えとして消防艇があり、急患の搬送などにも活躍している。今でも漁業の島だが、最近は島から対岸へ通勤する人も増えてきた。

淡水湖の島ならではの「湖の幸」が味わえる

特産は、アユ、ワカサギ、スジエビ、ニゴロブナ、ビワマス、ウロリ、ウナギなどの湖魚だ。

湖魚を使ったえび豆若煮や鮎山椒入り若煮などの家庭料理は、漁協婦人部が運営する「湖島婦貴《ことぶき》の会」の屋台で買うことができる。天然ウナギの蒲焼きや弁当なども、予約すれば用意してくれる。島内には宿もあるので、そこで湖魚尽くしを堪能することもできる。

最近とくに人気が高いのは、ブラックバスなど駆除対象の外来魚を使った「よそものコロッケ」だ。また、珍味として有名な鮒ずしの漬けこみや観光地曳網《じびきあみ》を体験することもできる。

DATA

人口313人／面積1.52㎢／周囲6.8km
［主なアクセス］堀切港から通船で約10分、沖島漁港へ。

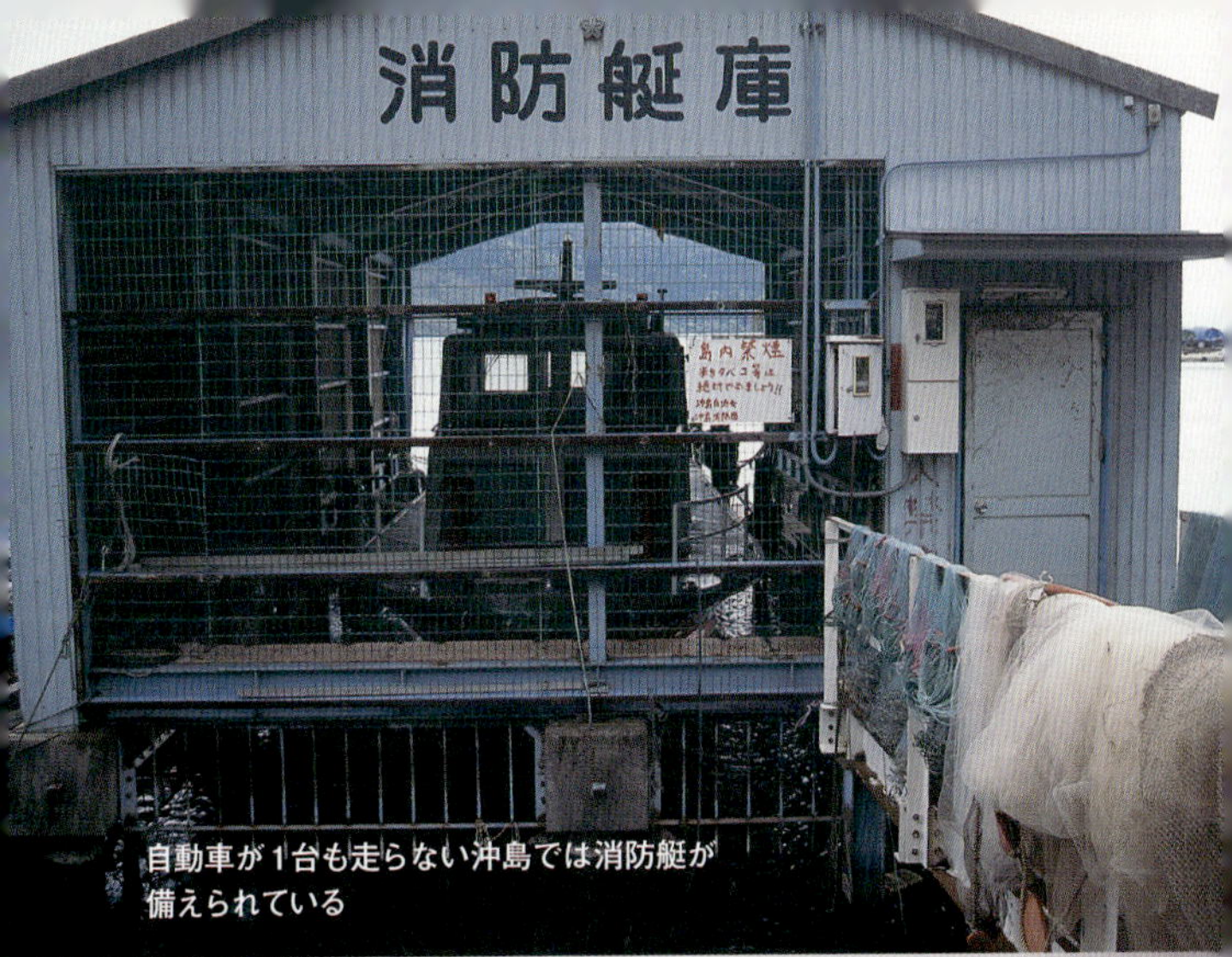

自動車が1台も走らない沖島では消防艇が
備えられている

この島に来たら琵琶湖名物の
鮒ずしを堪能しよう

No.42

篠《しの》島《じま》（愛知県知多郡南知多町）

中世の伊勢信仰が根づく漁業と観光の島

愛知県知多《ちた》半島の先端、三河湾と伊勢湾が接する海に浮かぶ篠島は、漁業と観光の島だ。春から夏にかけてはアナゴ、冬場はフグなど、海の幸を目当てに訪れる人が多い。

春はコウナゴ、秋口はイワシのシラスで水産加工業もにぎわう。ワタリガニやアサリも名物だ。

面積1平方キロ弱

大都市の名古屋に最も近い離島であり、
島の漁港としては近代的なイメージ

の島だが、北部は新興住宅地のような景観の埋め立て地。中部は家々が密集し、細い路地が網の目のように縫う漁村らしいたたずまい。南部は「東海の松島」と称され、黒松《くろまつ》と女竹《めだけ》の変化に富んだ海岸線が織りなす美しい風景という、3種類の異なる景観を見せてくれる。

島中が歴史的なパワースポットであふれる

主な見どころは中部に集中しており、後村上天皇（義良《のりなが》親王）ゆかりの「帝井《みかどい》」や歴史ある社寺がある。集落の南岸は白砂の続く前浜《ないば》海水浴場となっていて、夏には800メートルの美しい砂浜は海水浴客でにぎわう。

また、北端の伊勢神宮領の中手島にある「おんべ鯛調整所」では、神宮に奉納するタイの塩漬けをつくっていて、毎年秋には奉納祭がおこなわれる。

伊勢神宮の式年遷宮《しきねんせんぐう》で生じた古材が下賜《かし》され、神宮と同じように造営を繰り返している神明《しんめい》神社や八王子社が、最近、パワースポットとして注目の的となっている。

DATA

人口1781人／面積0.93㎢／周囲6.7㎞
［主なアクセス］師崎港から高速船で約10分、篠島港へ。もしくは河和港から高速船で約25分。

白砂が続く前浜海水浴場

1200年前に伊勢神宮の土之宮を
勧請して造営された神明神社

No.43

佐《さ》久《く》島《しま》（愛知県西尾市）

伝統の黒壁集落とモダンアートが同居

三河湾に浮かぶ三つの有人島で、面積が一番大きく、公共交通が一番不便なのが佐久島だ。島には、連絡船の着く港が西港と東港の二つあるが、両者は2キロほど離れている。

だから、自分の目的地はどちらに近いか確認しておいたほうがいいのだが、時間に余裕があるときは、この2キロをあえて歩いてみるのも面白い。

名古屋に近いので

外壁にコールタールを塗った黒壁集落は
「三河湾の黒真珠」と称されている

旅館や民宿は充実していて、三河湾のうまい海の幸をたっぷりと食べさせてくれる。そのため、食事や釣りを楽しみに来る人が多い。

名物は、大あさり丼やタコの冷しゃぶ、磯かき茶漬け、串あさりの一夜干しなど。珍味コノワタの名産地としても名高い。

近年はアートめぐりに訪ねる人が多い

近年、佐久島で最も注目を浴びているのがアートだ。島中の19ヵ所に、変化に富んだ作品が点在している。港や観光案内所で「佐久島体験マップ」を手に入れてから歩くといい。

2001年から「三河・佐久島アートプラン21」がはじまり、「三河湾の黒真珠」と称される黒壁集落が注目されていたが、この4、5年で急にブームに火がつき、休日は多くの人がアートめぐりに訪れる。

人気が高いのが静かな浜辺に置かれた、整理棚のような「おひるねハウス」や、古民家とその敷地全体をアートにした「佐久島空家計画／大葉邸」などだ。

DATA

人口254人／面積1.81㎢／周囲11.4㎞
［主なアクセス］一色港から船で約25分、佐久島・西港へ。東港へは約30分。

浜辺の「おひるねハウス」は
佐久島アートの一環

「佐久島空家計画／大葉邸」も伝統の黒壁だ

第7章 関東

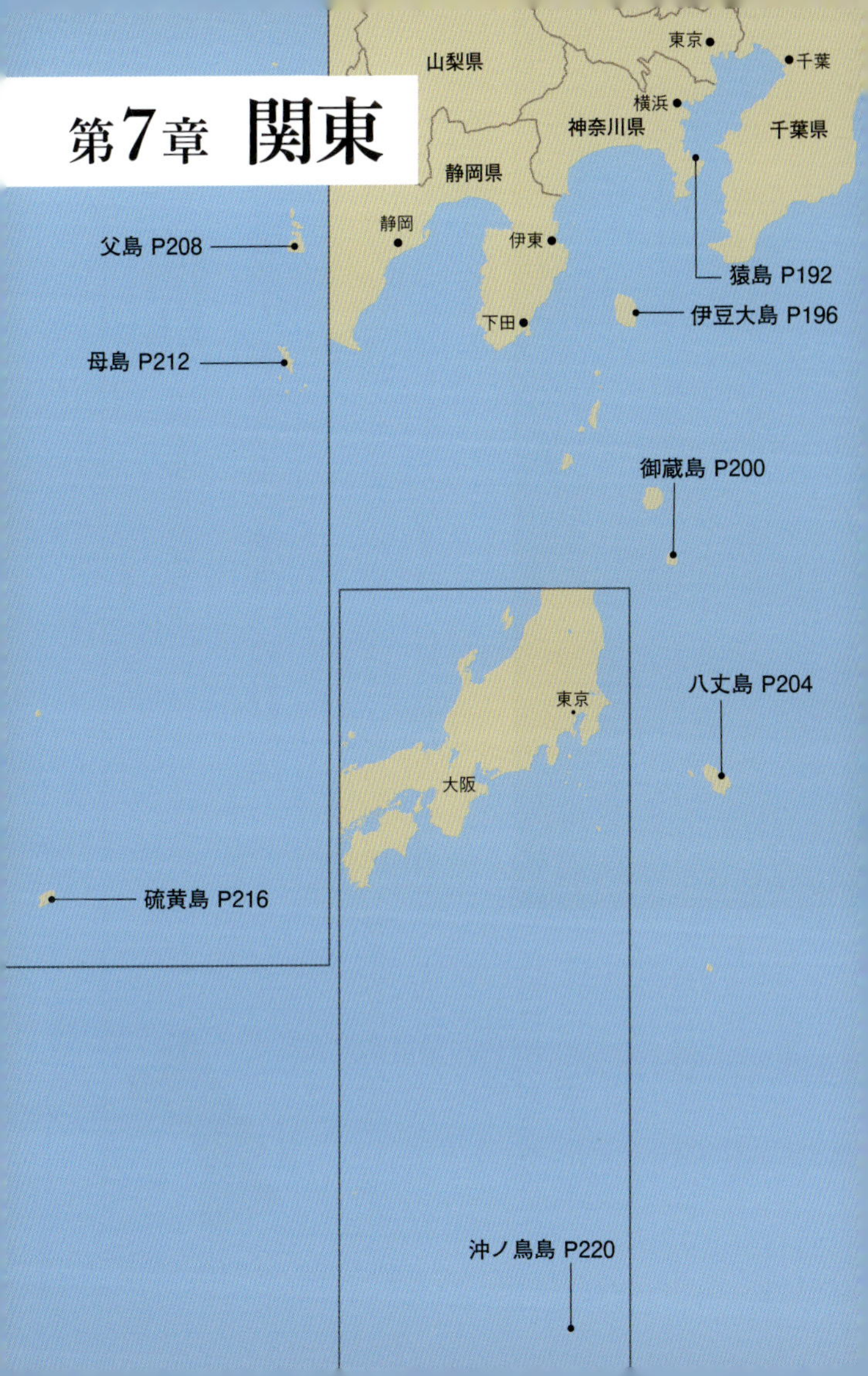

東京
千葉
山梨県
横浜
神奈川県
千葉県
静岡県
静岡
伊東
猿島 P192
伊豆大島 P196
下田
父島 P208
母島 P212
御蔵島 P200
東京
八丈島 P204
大阪
硫黄島 P216
沖ノ鳥島 P220

No.44

猿《さる》島《しま》（神奈川県横須賀市）

戦前の要塞は東京湾唯一の自然島

横須賀の沖に浮かぶ猿島は東京湾で唯一の自然島で、横須賀市の猿島公園となっている。特殊な歴史が刻まれた自然豊かな無人島として知られ、今も多くの人が訪れる。

島に宿泊施設はないが、横須賀市街からのアクセスもよく、日帰りするのにちょうどよい大きさだ。散策、バーベキ

猿島要塞の兵舎跡。
明治時代に築かれたが保存状態がよく、散策におすすめ

ュー、海水浴、釣りなどをして楽しむ人が多い。

猿島では3回にわたり、外敵に備える施設がつくられた。江戸末期に幕府が台場を築き、その後、明治政府は東京湾要塞の一部を猿島につくり、昭和10年代には日本軍が飛行機に備えた防空砲台を設置した。

縄文時代までさかのぼれる島の歴史

要塞の赤レンガ構築物が続く切通しの遊歩道には、カップルが自然に手をつないで歩くようになるため「愛のトンネル」と呼ばれる場所や、兵舎跡、弾薬庫跡などもある。なお、要塞跡全体が土木学会の選奨土木遺産になっている。

また、島の歴史はかなり古く、縄文時代にはすでに人が住んでいたと見られている。北端には縄文土器などが出土した古代住居跡があり、日蓮が島に避難した伝説もあるため、日蓮洞窟とも呼ばれている。

島の詳しい歴史を学びたければ、猿島公園専門ガイド協会に頼むとよい。

DATA

人口0人／面積0.05㎢／周囲1.6㎞
［主なアクセス］三笠桟橋から船で約10分、猿島へ。

カップル御用達の「愛のトンネル」

レンガの外壁に緑のツタがからんだ
散策路は雰囲気も十分

No.45

伊《い》豆《ず》大《おお》島《しま》（東京都大島町）

三原山を望む都心に最も近い火山の島

全国に大島は数あるが、首都圏では三原山で知られる伊豆大島が代表だろう。伊豆東海岸を旅すると目の前に島影が望まれ、東京都なのになぜ伊豆の大島か納得できる。実際、静岡県から東京府に移管されたのは1878年になってからだった。伊豆諸島で一番大きく、面積は約91平方キロ。周囲は約50キロ。ちなみに、山手線一周が約35キロだ。

薄い噴煙を上げる三原山。
周囲には荒涼とした「火山の島」らしい景色が広がる

近年はジェット船が就航して、東京から2時間足らずで行けるようになったので、日帰りも十分可能。だが、島に泊まって各地を巡れば、予想外に面白いことに気づく。

とくに1月下旬から3月下旬までは椿まつりが開催され、週末になると様々なイベントでにぎわう。

幾度もの噴火が形づくった景勝の地

歩くのが好きなら、おすすめは三原山周辺の砂漠。国土地理院の地図に明記されている砂漠は、全国的に見ても大島の奥山砂漠と裏砂漠だけ。無機質で荒涼とした風景が広がり、まるで月世界のよう。三原山のお鉢めぐりも、噴火口と大海原が一望でき、熊本の阿蘇山などとは違った異次元体験ができる。

その他、日本一大きな火山弾がある火山博物館、割目噴火跡群、地層切断面、筆島など、火山由来の見どころが豊富だ。

火山の島だけに、温泉には恵まれている。島を歩いたあとは、山上なら三原山温泉で、海辺なら大島温泉や御神火温泉で、汗を流すといい。

DATA

人口8291人／面積91.05㎢／周囲49.8㎞

［主なアクセス］東京・竹芝桟橋から高速船で約1時間45分、元町港または岡田港へ。もしくは羽田空港から飛行機で約30分。

地層切断面は島の南西部に、
道路に沿って横たわっている

筆島海岸は「日本の渚100選」の景勝地

No.46

御《み》蔵《くら》島《しま》（東京都御蔵島村）

森林資源に恵まれたイルカの棲む島

近年、イルカの棲む島として注目を集めている孤島が、三宅島と八丈島のあいだに浮かぶ御蔵島だ。イルカと一緒に泳ぐドルフィンスイムが人気だが、泳いでいるイルカを陸上から眺めることもできる。

豊かな森林資源に恵まれた島で、御蔵のクワ材は指物《さしもの》の素材として随一の品質で、将棋の駒や櫛に使われるツゲ材も最

島の周辺には野生のイルカが棲んでいて、
誰でもすぐ近くで眺めることが可能

高級とされている。それらの木材を運搬するため、伊豆諸島で最初に定期航路が開かれたのは、大島でも八丈島でもなく御蔵島だった。

島の周囲は切り立った断崖絶壁で囲まれ、何本もの滝が海に落ち、黒崎高尾の海蝕崖は高さが480メートルあり、東洋一といわれる。

東京とは思えない、巨樹が生い茂る原生の森

最高峰の御山は標高851メートルで、八丈島の八丈富士（標高854メートル）に次いで全国の島でも7番目の高さを誇る。山中には、新東京百景にも選ばれた神秘的な雰囲気をたたえる「御代が池」がひそむ。

また、巨樹が多い島としても注目され、太さ日本一のスダジイもある。森の地面に開いている穴は、春先に南から渡ってくるオオミズナギドリの巣で、日本最大の営巣地になっている。

気品ある芳香をただよわせるニオイエビネも有名で、花期は4月下旬ごろ。ただし、島の原生林に入るには、あらかじめ観光協会を通じて案内人を頼むことが必須だ。

DATA

人口297人／面積20.55㎢／周囲16.4㎞
［主なアクセス］東京・竹芝桟橋から大型客船で約7時間半、御蔵島港へ。

貴重なクワやツゲを産する緑の深い森が広がる

御蔵島はオオミズナギドリの
繁殖地としても有名だ

No.47

八《はち》丈《じょう》島《じま》（東京都八丈町）

特異な自然と文化が融合した島

東京から南へ３００キロほどの八丈島は、ちょっとした海外気分が味わえるので、昭和30年代後半から50年代にかけ、エキゾチックな観光地として大いににぎわった。

現在でも、釣りやダイビング、海水浴客は多いが、最近は山や森の魅力も脚光を浴びている。秘められた滝や沼、湿原

島の最高峰・八丈富士の山麓にフリージアの咲く
3月ごろがおすすめシーズン

をめぐったり、八丈富士に登ったり、夜は発光キノコを観察するツアーもある。

美しい自然で知られる島だが、それ以外の見どころも多い。島の文化に触れることができるポイントには、歴史民俗資料館や美しい玉石垣が残る陣屋跡周辺、服部屋敷などがある。

近年は〝温泉の島〟として別の魅力も

かつて人が押し寄せたころと現在とで大きく異なるのは、そのころは1ヵ所だった温泉が増えたこと。地熱発電の試掘を機に新しい温泉が次々と生まれ、現在は七つもの入浴施設がある。温泉めぐりをするなら、町営バス2日間乗り放題で三つの温泉に入浴できる1000円のチケットがとてもお得だ。使用日に限り、各温泉に1回ずつ入浴できる温泉一日周遊券も売られている（いずれも子どもは半額）。

名産は、醸造元が五つもある島焼酎や伝統的な織物の黄八丈《きはちじょう》。ワサビの代わりに洋辛子を使ってヅケのネタを握った島寿司やくさや、アシタバ、トビウオ料理もよく知られている。

DATA

人口7935人／面積69.48㎢／周囲51.3㎞

［主なアクセス］羽田空港から飛行機で約1時間。もしくは東京・竹芝桟橋からフェリーで約11時間。

美しい玉石垣が残る陣屋跡

島の名産アシタバの畑

No.48

父《ちち》島《じま》（東京都小笠原村）

一生の旅が味わえる世界遺産の島

定期の直行便があるにもかかわらず、東京から一番遠い日本といえば、東京都下の小笠原だろう。父島まで約1000キロ、船で片道25時間半かかる。今のところ、空路はない。

面積は約24平方キロで、伊豆大島の4分の1強。そこに、2000人を超す人が住む。無人島だった父島に最初の開拓

入港してきたおがさわら丸。出港時には地元の小型船などが伴走して見送ってくれる

に入ったのは、欧米系を中心とした外国人で、今も子孫が暮らしている。

父島の魅力は、なんといっても海のすばらしさ。ダイビング、シュノーケリング、サーフィン、釣り、ホエールウォッチングなどさまざま。イルカと一緒に泳ぐドルフィンスイムも人気だ。

多様なアクティビティが島の新たな魅力に

歴史的に一度も陸続きになったことがない絶海の孤島で守られてきた特異な自然と生態系が評価され、2011年、小笠原が世界遺産に登録された。日本では4件目となる自然遺産だ。

かつては海一辺倒だったアクティビティも、独特の景観を見せる乾性低木林を歩くツアーや戦跡めぐり、小笠原産コーヒーの歴史に触れるツアーやウミガメ教室など、現在では多様なものが用意されている。

また、おがさわら丸の出航時には、マリンツアーのボートが競い合い、時には30分近く追いかけて見送ってくれる。その感動を味わいたくて通う人もいるほどだ。

DATA

人口2068人／面積23.80㎢／周囲52.0㎞
［主なアクセス］東京・竹芝桟橋からフェリーで約25時間半、父島二見港へ。

旧日本軍の施設が多く残り、
最近では戦跡めぐりも人気

純白の小港海岸に行くには陸路よりボートで

No.49

母《はは》島《じま》（東京都小笠原村）

奥深い森が広がる日本で一番遠い島

小笠原の中心・父島からさらに南へ50キロほど離れた母島は、日本で一番遠い島といっても過言ではない。この島も海の魅力たっぷりで、海水浴、シュノーケリング、ダイビング、クリアカヤック、釣りなどが楽しめる。

母島も父島と同じく、欧米系の人たちによって開拓された島だ。明治維新直後の1869年ごろに捕鯨船船員として来

手つかずの自然が多く残っている母島の最深部「石門」は秘境感たっぷり

島したドイツ人ロースは、母島の開拓に尽力するかたわら加工しやすい砂岩質の石材（ロース石）を発見し、島人たちに利用法を教えた。

ロース石でつくられた砂糖収納庫が、現在ロース記念館（郷土資料館）として開放され、ロース石製のかまどなどが展示されている。

小笠原の特異な大自然を満喫できる山歩き

戦前は、温暖な気候を利用した農業が盛んで、農家の収入は全国平均の数倍に達していた。現在も篤農家が多く、JAの売店などにシャシャップ、モンステラ、キャッサバなど珍しい農産物が並ぶこともしばしばだ。

母島では、山歩きや森歩きに心を奪われる人が多い。お手軽なのは、南崎・小富士コースや乳房《ちぶさ》山コース、旧北村探訪など。東京都自然ガイドの同行が必須の石門《せきもん》コースでは、世界でもここにしかないセキモンノキなどを観察できる。ただし、このコースは10月～2月は入林禁止となっており、3月も一部のルートのみとなっている。

DATA

人口466人／面積20.21㎢／周囲58.0㎞
［主なアクセス］まず東京・竹芝桟橋からフェリーで約25時間半、父島二見港へ。さらにフェリーで約2時間、母島沖港へ。

「ははじま丸」を港に迎えての夕景

島の開拓者を記念した「ロース記念館」

No.50

硫《い》黄《おう》島《とう》（東京都小笠原村）

楽園から暗転した戦跡と遺骨が眠る島

東京から南へ1200キロに位置する島で、敗戦後「いおうじま」と呼ばれていたが、2007年、本来の「いおうとう」に戻された。

現在も人は滞在しているが、自衛隊員と施設整備関係者のみだ。開拓時は、硫黄の採掘がおこなわれた火山の島で、年に数十センチも隆起するため、港は一度もつくられたことがない。

太平洋戦争で最大の激戦地として知られ、近年ではクリン

摺鉢《すりばち》山山頂の慰霊碑。米軍が星条旗を立てた場所も、今はひっそりとした雰囲気が漂う

ト・イーストウッド監督の2部作『父親たちの星条旗』『硫黄島からの手紙』で注目が集まった。

戦前は1000人以上が平和に暮らす、サトウキビ、レモングラス、ワタ、コカ、熱帯果物などを産する農業の島だった。旧島民は「楽園のようだった」と語る。

現在も島内の各地に残る激戦の爪痕

硫黄島攻防戦の犠牲者数は、日本軍の総兵力、約2万3000のうち、戦死者は2万1129、負傷者は1039。米軍の総兵力、約7万5000のうち、戦死者は6821、負傷者は2万1865(数字については諸説ある)。

最大の激戦地だった摺鉢山をはじめ、島内各地に慰霊碑がある。軍属として徴用され82人全員が死亡した旧島民の戦没者の碑は、ことさら涙を誘う。

また、水平砲台や飛行機の胴体を利用したトーチカ、病院として使われた地熱で50度にも達する医務科壕など、戦争遺産は数限りないし、遺骨収集は今も続いている。

DATA

人口367人(2004年7月のデータ)／面積23.16㎢／周囲22.0㎞
[主なアクセス] 上陸することはできないが、海上から硫黄島を望める周遊クルーズがある。条件をよく確認してから参加すること。

海軍医務科壕跡。島内にはこうした
戦跡が多く残っている

戦前の硫黄島は農業が盛んな楽園だった。
写真は1916年に撮影されたサトウキビ畑の様子

No.51

沖《おき》ノ《の》鳥《とり》島《しま》（東京都小笠原村）

ホノルルより南、日本最南端の島

「日本に熱帯の領土がある」と言われて、とまどう人も多いだろう。亜熱帯の間違いじゃないのかと。

ところが、日本最南端の沖ノ鳥島は、北回帰線（北緯23度27分）より3度も南の北緯20度25分に位置する。紛れもない熱帯の領土なのだ。

ハワイでいえば、ホノルルよりはるか南のハワイ島北部あたりと同緯度。東京より1740キロ、

消波ブロックとコンクリートで守られた沖ノ鳥島の東小島

硫黄島よりもさらに720キロほど南である。

周囲約11キロの環礁の中に、東小島と北小島の2島が浮かぶ。周辺は台風の揺りかごで1年を通じて10メートル前後の強い風が吹き続け、環礁内にかつて四つあったという島は、波浪で二つに減ってしまった。

日本の熱帯領土を守るための一大事業

2島が消えると、日本は陸地の総面積よりも広い約40万平方キロの排他的経済水域を失うことになる。

そこで政府は、1987年から1989年にかけて、消滅を断固阻止するために、両島の周囲に頑強なコンクリートの護岸を設置し、さらに鉄製の波消しブロックで幾重にも取り囲み、島の上は防護用のチタン製ネットで覆った。これらの工事にかかった費用は、約285億円とされている。

2014年3月、港湾整備中に痛ましい死亡事故が起きてしまったが、尊い犠牲を無駄にしないためにも、一日も早く港が完成し、多くの人が熱帯領土を訪問できるようになることを願ってやまない。

DATA

人口0人／面積5.78㎢／周囲11.0㎞（いずれもリーフ内の数値）
［主なアクセス］民間人の立ち入りは制限されている。

東小島に上陸した際に撮影した
チタン製の網

海水で錆びついた東小島を囲う
鉄製の波消しブロック

第8章 北海道・東北・北陸

礼文島 P226
利尻島 P230
稚内
旭川
奥尻島 P234
北海道
根室
釧路
札幌
江差
函館
青森
青森県
秋田
秋田県
岩手県
酒田
佐渡島 P246
宮城県
山形県
舳倉島 P250
仙台
田代島
P238
新潟
寒風沢島
P242
石川県
新潟県
福島県

No.52

礼《れ》文《ぶん》島《とう》

（北海道礼文郡礼文町）

高山植物が咲き乱れる最果ての島

日本最北端の島（除く北方領土）といえば、稚内《わっかない》沖になだらかに横たわる礼文島だ。冬は最果ての厳しい気候に閉ざされる島も、夏は生命感あふれる顔を見せる。この季節、礼文島らしさを味わうには、やはり歩くのがいい。

一番のおすすめは、島の西海岸に伸びる「愛とロマンの8時間コース」（今年から従来よりも短い新8時間コースが設定された）という遊歩道だ。

草原、森、砂浜、岩場、渓流、さらに海岸近くにまで咲き乱れる高山植物群、

断崖絶壁が連なる西海岸のハイキングは、全コースを通じて眺望がすばらしい。右に見える黒岩が「猫岩」

断崖絶壁が延々と連なる雄大な景色が繰り返し現れ、全国でも指折りの変化に富んだ地形である。

ただし、天候の急変に備えた十分な装備が必要だ。

途中には、澄海《すかい》岬、ゴロタ岬、アナマ岩、礼文滝（別のコースが設定されている）などの絶景ポイントがある。

世界でもこの島だけにしか咲かない花

100種類を超す高山植物を目にできる島だが、中でも6月上旬前後には、クリーム色の可憐な花をつけるレブンアツモリソウが盛りを迎え、礼文島でしかみることができない花を目当てに、多くの人が島へ渡ってくる。また、手軽に絶景と花々を楽しみたければ、島の玄関・香深《かふか》に近い桃岩展望台周辺から元地灯台、知床にかけてのコースがおすすめ。

グルメの一押しは、甘くとろける官能的な生ウニがたっぷりのったウニ丼。大のウニ嫌いですら、ウニ大好きに変身して帰っていく。ただし、礼文のウニを知ると、ほかのウニがみんな不味く感じられるかもしれないので、覚悟して食べること。

DATA

人口2765人／面積81.33㎢／周囲72.0㎞
［主なアクセス］稚内港からフェリーで約2時間、香深港へ。もしくは利尻島の鴛泊港からフェリーで約40分。

澄んだ海の岬こと澄海岬

礼文島でしか見られない
レブンアツモリソウ

No.53

利《り》尻《しり》島《とう》

（北海道利尻郡利尻町・利尻富士町）

名峰の利尻富士がそびえる風景美の島

利尻山には「利尻富士」の異称があり、美しい裾野を引く山容は、まさに富士山そのもの。全国で最も美しい島影といってもいいだろう。名前の由来は、アイヌ語のリイ（高い）シリ（島）からきている。

「日本百名山」最北端の山でもある利尻山は、標高1721メートルで、屋久島（54ページ）の宮之《みやの》浦《うら》岳に次ぐ島の最高

雪化粧も美しい利尻山は、日本百名山の最北端。
「利尻富士」の異称を持つ

峰だ。利尻島の象徴であり、最大の観光ポイントでもある。

夏の天候が安定した日に、時間的な余裕を持って早朝から挑戦すれば、日ごろ山歩きをしている人なら誰でも登ることができる。ただ、海上の独立峰なので天気が急変しやすく、決して油断してはならない。

トレッキングのあとは海の幸と温泉で

利尻山は高山植物の宝庫としても知られ、とくに可憐なレモン色の花を咲かせるリシリヒナゲシが有名だ。

また、南部のオタトマリ沼や南浜湿原、北部の姫沼から望む利尻富士は山影が美しく、訪れる観光客が絶えない。北部の野塚から西部の沓形《くつがた》まで、約25キロの自転車道が整備されているので、雄大な景色を楽しめる。

グルメでは最高級の利尻昆布が名産品として有名だが、その昆布を食べて育つ利尻のウニも絶品だ。

山歩きやサイクリングで疲れた体を、近年掘り当てた利尻富士温泉で癒すのもいい。

DATA

人口5040人／面積182.15㎢／周囲65.1㎞

［主なアクセス］稚内港からフェリーで約2時間、鴛泊《おしどまり》港へ。もしくは礼文島の香深港からフェリーで約40分。

豊かな新緑の自然美を誇る南浜湿原。
遠くに初夏の利尻山も

昆布干しの様子。
利尻昆布は島の一大名物

No.54

奥《おく》尻《しり》島《とう》

（北海道奥尻郡奥尻町）

震災の記憶と霊場の神秘を留める島

北海道南西の日本海側、渡島《おしま》半島沖に浮かぶ奥尻島の象徴といえば、奥尻港近くの海中に立つ、真ん中に大きな穴が開いたアーチ状の鍋釣岩《なべつる》だろう。

1993年7月に起きたマグニチュード7・8、推定震度6（当時、奥尻島には地震計が設置されていなかった）の北海道南西沖地震で、死者・行方不明者226名という大被害を出し、一躍有名に

鍋の取っ手のつるのような奇岩「鍋釣岩」が、
奥尻港で人々を迎える

なってしまった奥尻島だが、今はその傷もかなり癒えている。

大地震で最も大きな被害を受けたのは南端の青苗《あおなえ》地区で、震災の記憶を留めるためにつくられた奥尻島津波館や、徳洋記念緑地公園の慰霊碑「時空翔」などが見どころだ。空港は、この近くの海岸にある。

北端の荒涼とした地にたたずむ賽の河原

西海岸を北上すると、神威脇《かむいわき》の海辺に温泉の共同浴場があり、源泉かけ流しとなっている。日本海に沈む夕日の絶好観賞ポイントだ。

北端の稲穂岬一帯は、大小の石が積みあげられた石塔や地蔵、碑が連なった霊気ただよう賽《さい》の河原《かわら》だ。東海岸を少し下った海辺の高台には宮津弁天宮がある。

さらに奥尻港を通過して南下すると、ウニをモチーフにした「うにまるモニュメント」などがある。奥尻島は海の幸が魅力で、とくにウニやアワビは絶品。新鮮なホッケやイカやタコなども、目から鱗のうまさだ。

DATA

人口2947人／面積142.73㎢／周囲67.5㎞
［主なアクセス］函館から飛行機で約30分。もしくは江差港からフェリーで約2時間10分。

北追岬から眺める落陽。
奥尻島は夕景の美しさでも知られる

稲穂岬の海辺に連なる賽の河原

No.55

田《た》代《しろ》島《じま》（宮城県石巻市）

海外からも観光客がやってくる猫の島

宮城県牡鹿《おじか》半島沖に浮かぶ田代島は、北に大泊《おおどまり》、南に仁斗田《にとだ》の2集落があり、歩くだけなら1時間半ほどで1周できる。

近年、田代島は「猫の島」として注目され、国内はもちろん海外からの観光客も増えていた。そんなとき、東日本大震災の津波に襲われ、島は壊滅状態になった。高齢化が進む島は一時期、再起

キャットウォッチングのおすすめスポットは、仁斗田の港や集落。
とくに早朝は漁村らしい光景が見られる

不能かと思われた。

しかし、地元でカキの養殖をしていた漁師と有志が、すぐさま「田代島にゃんこ・ザ・プロジェクト」を立ちあげた。自力で資金を集めて復興に取り組み、大きな成果を上げている。島に住む猫たちが、まさに資金の招き猫となってくれたのだ。

漁港の猫と雄大な海岸線に目を奪われる

一番の人気スポットは猫神社。大泊港から800メートルほどの小高い場所にある、こぢんまりとした祠《ほこら》だ。猫を描いた石がたくさん奉納されている。猫が多いのは、仁斗田の港周辺や集落内。早朝、漁港で網にかかった魚をさばく漁師たちが与える餌を、じっと待つ猫の姿が目につく。

また、マンガアイランドには、漫画家のちばてつや氏や里中満智子氏らが猫をモチーフにデザインしたマンガロッジもある。小さな島だが、南三陸金華山《みなみさんりくきんかざん》国定公園に指定されていて、海岸線の風景はどこもすばらしい。とくに、南端の三石崎周辺の海岸線は雄大だ。

DATA

人口83人／面積3.14㎢／周囲11.5㎞
［主なアクセス］石巻・旧北上川河口船着場から船で約45分。

猫神社は猫好きの参拝客が絶えない

美しい海岸線によく映える
マンガロッジ

No.56

寒《さ》風《ぶ》沢《さわ》島《じま》（宮城県塩竈市）

日本三景・松島を代表する歴史に名を刻む島

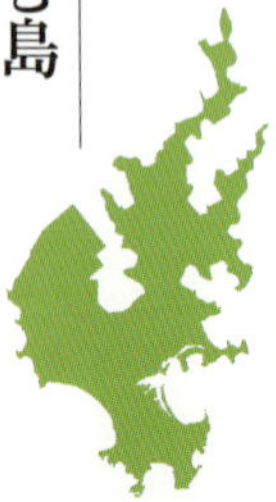

全国を見渡すと、島の数は明快に西多東少だ。そんな東日本にあって、風光《ふうこう》明媚《めいび》で遊覧船が行き交う松島湾には、唯一まとまって四つの有人島（浦戸《うらと》諸島と呼ばれている）がある。

浦戸諸島の中で最も大きく外洋に面した寒風沢島は、人口こそ同じ浦戸諸島の桂島に及ばないものの、面積は最大。江戸時代初期の築港で、伊達《だて》藩海運の要衝となり、その後は

鰐ヶ淵の瀬戸。寒風沢島は風光明媚な松島の中で最大の有人島である

江戸廻米《かいまい》の港として栄えた。

その後も、寒風沢の島名は、たびたび歴史の中に登場する。

幕末に伊達藩が、日本初の鋼鉄製西洋型軍艦「開成丸《かいせいまる》」を建造（造艦碑がある）したのも、日本人として初めて世界一周をした津太夫《つだゆう》の出身地も、寒風沢島だ。

江戸時代に栄えた伊達藩海運の要衝

島内の見どころは、日和山《ひよりやま》展望台にある十二支方角石や、船乗りの出港を遅らせようと遊女たちが荒天を願った「しばり地蔵」だ。いずれも江戸時代の面影を偲ぶことができる。

寒風沢島は、東日本大震災の津波で大きな被害を出した。3年半が過ぎた現在でも、島の要である港の修復すら進行中で、なかなか先が見えてこない。だから、公的補助を待たずに、自助努力で新たな生活をはじめている人も多い。

文字面の印象とは対照的に、食材には恵まれた島だ。塩竈《しおがま》市内唯一の水田もあれば、魚介類の水揚げも豊富で、民宿の食卓には、地の食材を駆使した新鮮なご馳走やおいしいご飯が並ぶ。

DATA

人口120人／面積1.45㎢／周囲13.5㎞
［主なアクセス］塩竈港から市営汽船で、桂島、野々島、石浜（桂島）と三つの港に寄り、約45分で寒風沢港へ。

化粧地蔵
作者、年代とも不
明であるが、古くから
この地蔵の顔に紅
白粉を塗って祈願す
ると美しい子宝が授め
るといわれており今日なお、
何時も化粧が絶えない。
昭和五十二年二月
塩竈市教育委員会
作者不明の「化粧地蔵」。古くからこの地蔵の顔に、白粉を塗って祈願すると子宝を授かるといわれている

塩竈市唯一の水田も離島の寒風沢にある

No.57

佐《さ》渡《どが》島《しま》（新潟県佐渡市）

自然美と伝統芸能が息づく日本最大の島

面積が約855平方キロもある日本最大の島で、自然的にも文化的にも日本が凝縮されている。標高1172メートルの最高峰「金北《きんぽく》山」は、利尻山（230ページ）に次いで、離島の山としては3番目に高い山だ。面積約4・9平方キロの離島最大の湖「加茂《かも》湖」もある。

自然環境と調和した農業の取り組みなどが評価され、2011年、佐渡は世界農業遺産に認定され

中国から移入したトキが自然繁殖できるまでになり、
佐渡島では間近に見ることも可能

た。その象徴といえば、自然繁殖が復活したトキ。トキの森公園にある「トキふれあいプラザ」では、トキを間近に観察できる。

また、森のすばらしさも見直されて、原生林と杉巨木群トレッキング、トキの里ハイキングなどのエコツアーも人気を集めている。

歴史探訪やトレッキングなどの楽しみも

忘れてはならないのが、さまざまな伝統芸能だ。あまり知られていないが、佐渡島には国内の能舞台の3分の1が集中しているほどで、夏は各地で薪能《たきぎのう》が奉納される。

また、佐渡おけさ、相川音頭、滑稽《こっけい》なつぶろさし、勇壮な鬼《おん》太鼓《でぇこ》なども代表的な芸能だ。

世界遺産登録を目指す光と影の過去が刻まれた佐渡金山、独特の街並みが残る廻船で栄えた重要伝統的建造物群保存地区の宿根木《しゅくねぎ》など、歴史探訪も魅力的。

その他、温泉めぐり、釣り、サイクリング、社寺巡礼、伝統工芸、グルメと、あらゆる楽しみが待っている。

DATA

人口60063人／面積854.88㎢／周囲262.7㎞

［主なアクセス］新潟港からフェリーで約2時間半、両津港へ。もしくは直江津港からフェリーで約2時間40分、小木港へ。

佐渡島を代表する伝統芸能「佐渡おけさ」

かつて国内一の産出量を誇った佐渡金山

No.58

舳《へ》倉《ぐら》島《じま》（石川県輪島市）

幾多の神様と海女が支える漁業の島

日本海に突き出た能登《のと》半島の輪島《わじま》沖約50キロに浮かぶ、漁業の島だ。面積0・55平方キロ、周囲5・1キロの小さな島で、一番高いところでも12メートルしかない平坦な地が広がる。

島を歩いていて、数多く目につくのがケルン（石積み）だ。海女《あま》や漁師が海上で島を見失わないために積んだ目印と

島の最北端に鎮座する恵比寿社とケルン。
ケルンは島のいたるところで見かける

いわれている。

対馬暖流が流れているため、島の周辺は漁業資源に恵まれている。

とくに潜水漁が有名で、20メートル以上潜る海女もおり、女性では世界一の潜水能力といわれている。海女たちは、稼ぎがよく経済力があるので、独立心が高いという。

近年はバードウォッチングの島としても注目

名産は、アワビやサザエ、海藻類。刺網漁、一本釣りもおこない、トビウオの煮干しなどもつくっている。

以前は、夏に獲った魚や魚介類を塩蔵・乾燥などして保存し、秋になると能登《のと》半島一円の村をめぐり、米と交換する「灘廻《なだまわ》り」という風習があった。

自然環境に左右されやすい漁業の島なので、明神社、恵比寿社、観音堂をはじめとする神様が多く祀られている。観音堂の前には、龍の骨が見つかったという伝説を持つ龍神池もある。

また、大陸系の珍しい渡り鳥を観察できる場所として、欠航のリスクを冒してバードウォッチングに来る人が急増中だ。

DATA

人口110人（国勢調査より）／面積0.55㎢／周囲5.1㎞
[主なアクセス] 輪島港から船で約1時間半、舳倉島港へ。

昔ながらの漁村風景が絵になる

龍の骨が見つかった伝説の残る龍神池

写真提供

株式会社アマナイメージズ
P2-3, P8-9, P11, P13, P15, P16-17, P19, P20-21, P23, P24-25, P27, P28-29, P31, P32-33, P35, P36-37, P39, P40-41, P43, P44-45, P47（上）, P54-55, P57, P59, P61, P70-71, P73, P74-75, P78-79, P81, P82-83, P85, P88-89, P91, P92-93, P95, P96-97, P99, P100-101, P104-105, P107, P108-109, P111, P118-119, P121, P126-127, P129, P142-143, P145（下）, P151, P159, P164-165, P167, P168-169, P171（下）, P175, P177, P182-183, P185（上）, P186-187, P192-193, P195, P196-197, P199, P200-201, P203, P204-205, P207, P208-209, P211, P212-213, P215, P216-217, P219（上）, P220-221, P226-227, P229, P230-231, P233（上）, P234-235, P237（下）, P238-239, P241, P246-247, P249

著者
P62-63, P65, P67, P69, P77（下）, P103（下）, P112-113, P115, P123, P125, P130-131, P133 P134-135, P137, P138-139, P141, P145（上）, P148-149, P152-153, P155, P160-161, P163, P171（上）, P178-179, P181, P185（下）, P189, P223, P233（下）, P237（上）, P242-243, P245, P250-251, P253

粟国島観光協会
P47（下）

NPO法人 久高島振興会
P48-49, P51

瀬戸内町役場 まちづくり観光課
P77（上）

平戸市役所大島支所
P103（上）

株式会社ベネッセホールディングス
P156-157

小笠原村教育委員会
P219（下）

参考文献
『日本の島ガイド SHIMADAS』（日本離島センター）

※本書では島の面積に関して、本土四島と北方領土、および沖縄本島を除いて記述しております。なお、島の周囲も含めて、これらの数値は主に国土交通省と国土地理院などの資料を参考にしております。また、各種データ・情報は2014年7月のものであり、今後変動する可能性がございます。お出かけになる際には最新のデータ・情報を現地へご確認ください。

本書は当文庫のための書き下ろしです。

斎藤 潤 さいとう・じゅん
1954年、岩手県盛岡市生まれ。東京大学文学部露文科卒業。月刊誌「旅」などの編集を手がけた後、フリーランスライターに。島、旅、食文化、自然、産業史、農林水産業をテーマに全国津々浦々を取材し、執筆活動を続けている。
主な著書は『島ー瀬戸内海をあるく 第1集1999-2002』『同第2集』『同第3集』(以上、みずのわ出版)、『島で空を見ていた』(幻冬舎)、『日本《島旅》紀行』『沖縄・奄美《島旅》紀行』『旬の魚を食べ歩く』『東京の島』『吐噶喇列島』(以上、光文社新書)など。共著は『沖縄いろいろ事典』(新潮社)、『島・日本編』(講談社)ほか多数。

ビジュアルだいわ文庫

絶対《ぜったい》に行《い》きたい! 日本《にほん》の島《しま》

著 者　斎藤《さいとう》 潤《じゅん》

2014年9月15日第一刷発行
2015年7月30日第二刷発行

発行者　佐藤 靖
発行所　大和《だいわ》書房
東京都文京区関口1-33-4　〒112-0014
電話03-3203-4511

装幀者　福田和雄(FUKUDA DESIGN)
本文デザイン DTP　朝日メディアインターナショナル株式会社
本文印刷　歩プロセス
カバー印刷　歩プロセス
製 本　ナショナル製本

ISBN978-4-479-30501-9
乱丁本・落丁本はお取り替えいたします。
http://www.daiwashobo.co.jp/